呼吸 南極

Addicted
to
Antarctica

在世界盡頭找

一條路

鄭有利、黃麗如　著

Herman
Tenq

Lily
Huang

Addicted
to
Antarctica

在這樣的天地間，
才看清楚旅行者的本來面目

〰〰〰

到過南極之後，南極的點點滴滴就滲透到身上的每個細胞。南極旅遊從來不孤寂，純淨的大自然給我們的是盛宴般的洗禮。南極從來不遙遠，當你置身於那樣的大地，就不自覺的融入大自然中，忘卻那漫漫來時路。南極從來不是個荒原，在夏天，他是個熱鬧的地方，成千上萬的科學家與工作人員在此研究，數以萬計的觀光客在此旅遊，還有各種生物在此活動。只有在冬天，才見寂寥。

在南極可以聽到天籟般的聲音：冰河流動的聲音、萬年玄冰內氣泡從冰裡逃脫出嗶嗶啵啵的聲響、企鵝棲息地的喋喋不休、鯨魚吸氣吐氣的低鳴。當造訪過南極後，無時不刻會想起這奇幻的大地，總是會想著：何時可以再回去？即使回去又要搭上三十多小時的飛機、經歷令人捉摸不定的德瑞克海峽（Drake Passage）、面對無可預料的天氣……但是，還是想再回去。

南極旅遊偶爾也會出現令人沮喪與失落的回憶。搭乘破冰船到雪丘島（Snow Hill Island）卻因天候因素不能觀賞帝王企鵝；辛苦的通過德瑞克海峽到了南極半島，遇到惡劣天候卻不能登岸；當滿懷期待在拉可羅港（Port Lockory）寄南極的明信片時，巨大的冰塊堵住了登岸點，導致手上的明信片永遠寄不出去；當想望著去南喬治亞（South Georgia）的聖安德魯斯灣（St. Andrews Bay）觀看國王企鵝時，老天爺卻只允許旅人到史東尼斯灣（Stromness Bay）看看謝克頓（Ernest Henry Shackleton, 1874-1922）獲救的捕鯨站，而且可能遇到狂風導致登陸艇都被吹翻；還有明明在福克蘭群島（Falkland Islands）的桑德斯島（Saunders Island）附近下錨時風和日麗，但卻因浪腳過大，不能登岸。

在南極，老天爺真的很會跟旅客開玩笑。曾經，季節之初，船隻計畫進入威德海（Weddell Sea），但是到了南極海峽（Antarctic Sound）時，海冰尚未消融，只能望著一望無際的海冰緩緩撤回；曾經，一座冰山卡在利馬水道（Lemaire Channel）的中央，讓整個旅遊季節的船都無法通過；曾經，還有一整座冰山卡在進入欺疑島（Deception Island）入口中央的暗礁上，讓原本的登岸泡南極溫泉的計畫立刻報銷；曾經，洋流挾帶著未融的海冰移動，把一艘旅遊船困在威德海7天，船上的旅人只能在有限的水域活動，除了無奈也只能無奈。很多人以為搭著破冰船到南極就可以所向無敵，克雷尼可夫船長號（Kapitan Khlebnikov）2009年就被卡在雪丘島的海冰上7天，船上還載著BBC冰凍星球電視團隊。

近十餘年來，去了近二十趟南極，親身經歷南極遊巨大的變化，從早期只有少數的船能前往南極到目前郵輪化的南極旅遊盛

行。我最初喜歡的Lyubov Orlova早已變成幽靈船在海上漂流，她的姐妹船Clipper Adventurer經過兩次改名又裝修後，如今以Ocean Adventurer航行於南極；俄羅斯的科學研究船Akademik Vavilov和Akademik Ioffe已退出南極的旅遊；克雷尼可夫船長號（Kapitan Khlebnikov）在2011年離開南極雪丘島的航程之後，2018年居然重返南極雪丘島，而我也趕上盛會。至於只能搭載67位遊客的Ocean Nova則是小而美的船，她由不同船公司承租，有時她會停在喬治王島（King George Island），搭載從智利飛過來的觀光客前往南極旅遊，由於船上客人少，全船很容易打成一片。G-adventure探險公司的Expedition號雖然是較老舊的船去改裝，卻很有活力，尤其船員組成的樂團為旅程帶來許多歡笑，特別懷念該船的公共更衣室（Mudroom），存放著登岸裝備，讓大家乾爽的回艙房，這是很老派的做法。

最近很受歡迎的海精靈號（Sea Spirit），艙房空間大而且只搭載114位客人，兼顧了舒適與登岸迅速有效率的優點，2010年我參加了他首航福克蘭、南喬治亞和南極半島的行程，後來Poseidon公司接手這艘船，他是我多次造訪南北極搭乘的船隻。2012年海鑽石號首航南極，我第一次搭戴190人的船，雖然有點不適應，但船的空間大，旅人在船上活動的空間也多，而這種中大型的南極船也成為近期主流船型。近年來龐洛公司（Ponant）以船隊之姿進入南極旅遊的市場，全部的船都是公司自建，甚至新建一艘全新的破冰船——夏古指揮官號（Le Commandant Charcot），搭配氣墊船進入南極；無獨有偶，全新的Greg Mortimer進入南極旅遊市場，同公司的第二艘船Sylvia Earle即將完工；此外，新穎的麥哲倫探險號也在這兩年加入了南極旅遊行列。全球的船旅市場看好南極，很多船公司前仆後繼的進入南極

旅遊市場，但這些進展在2020年因為新冠肺炎（Convid-19）而延緩。去南極，真的要看天意。

這幾年因為有太多船進入南極旅遊市場，使得船上探險隊員的結構大為改變。第一次去南極會覺得每一位探險隊員都是勇闖天涯的探險家，但去的次數多了，會發現探險隊員的素質與專業其實不太一樣。南極的旅行，就是船的旅行，船上遇見的人，主導了這趟旅程一半的風景與心情。

在南極船上，有時候可以遇到頂尖的學者或探險家。曾遇過世界上數一數二的地質學家，他甚至曾經來台灣當過客座教授；也遇過在南極點策劃興建阿蒙森史考特研究站（Amundsen-Scott South Pole Station）的工程師、連續兩年在南極過冬的地質學家、專門研究海冰的專家、在南極用感應攝影機記錄企鵝的學者、著作等身的歷史學家……每每和他們交流，益發察覺宇宙的奧祕。

關於南極，隨意上網搜尋都可以找到海有多深、山有多高、企鵝可潛水達幾公尺等上萬筆資料。但我們總認為南極的靈魂在於探險家與科學家們，他們義無反顧的對南極進行無盡的探索；南極的生命力在於奇妙的野生動物，年復一年的回到棲息地繁衍後代；南極的動力在於冰的世界，那是眼睛看不到但卻從不停止流動的冰河，那是不斷地被海水侵蝕、形成美不勝收的雕塑的冰山。當冰山經過海水與風不斷形塑後，淬鍊出新的姿態，那是時間與空間造就的創作。冰山不斷呼吸著、生長著，甚至爆裂著。當航行在冰山爆裂後的碎冰間，彷彿進入冰封的光陰甬道，冰的歷史在海面上細細碎碎地娓娓道來。

這樣的南極是有溫度的，不再是冰凍的世界。所以本書的第一章為〈行跡，在南極〉，我們從多次南極旅遊的經驗對照探險家的經歷，希望讀者可以感受南極的探險魂。尤其1989年英國的南十字星（Southern Cross Expedition）探險隊在羅斯海（Ross Sea）的阿代爾岬（Cape Adare）過冬，一反南極大陸只有帝王企鵝能在此過冬的認知。從此而後，開起了人類在南極大陸探險與科學研究的現代風潮。

在人類抵達南極探險前，南極就充滿著生命力，企鵝、海豹、信天翁都在南極地區度過生命中最重要的時光。第二章〈活著，在南極〉，就是向在人類之前就在南極生活的野生動物致敬。然而這些南極原住民卻面臨史無前例的生態浩劫：當信天翁從空中衝入海裡吃魚時，卻咬到捕魷船的魚餌命葬大海；商業性的獵海豹船與捕鯨船進入南極之後就血染極地，南極地區包括南喬治亞與福克蘭群島的海豹棲息地在二十世紀初即不見海豹蹤跡。1904年在南喬治亞的格利特維根（Grytviken），建立了捕鯨站之後，鯨的悲歌就此展開。1929年底到1930年初，南極共有40201隻鯨被獵捕，其中有29410隻是藍鯨。如今鯨的主食南極磷蝦又被人類大量捕撈，詭稱為健康食品，南極生態鏈脆弱得讓人焦急。

南極，旅人的夢土。本書的第三章〈在世界盡頭找一條路〉解析旅行南極的各種面向。這一部分的想法或許不是每個人都同意，但是事實就是小型船隻比大型船隻登岸時間長、大型船隻的設施比小型船隻多元化；400人以上的船能登岸的點很少，而且全天只能在一個地方輪流登岸；探險隊員如果不遵守南極旅遊公約，即使他的行為能取悅觀光客，依然是失格的隊員；觀光客也

一定要遵守南極旅遊公約的規範。每一家探險公司都有其主要訴求，有些強調舒適、有些標榜知識、有的聚焦在戶外探險，不變的是探險隊長與船長是整趟旅程的核心人物。在旅程中，越放下自己的執念，越能看到南極的面貌。

史上第一位飛越南極的探險家李察‧柏德（Richard E. Byrd, 1888-1957）在《獨自一人：南極洲歷險記》（*Alone*）寫著：「在極少數真正抵達南北緯90度的人裡面，是否有人認為極地風光真的是那麼令人振奮。可看之物少得可憐：在地球的一端是蒼茫浩瀚大海中央微小的一點，而在地球的另一端，同樣是寒風凜冽，廣袤冰原中間虛構的一點。」他寫得冷淡，但整本書卻是用熱騰騰的生命去換來的。

冰冷的大地，喚起的是數百年來探險家的熱血，在這樣的天地間，才看清楚旅行者的本來面目。

南喬治亞島聖安德魯斯灣的國王企鵝棲息地。

contents

Chapter 2
活著，在南極
Residents

Chapter 3
在世界盡頭找一條路
Ways

行跡，
在南極
Footprints

以德瑞克之名
穿越最險惡的海

Sir Francis Drake

在夜裡划船，我們無法看到海浪的滾動、無法看到地平線，所以沒有前進的感覺。就像置身在洗衣機裡面，但眼睛是被蒙上了，時間是靜止的。

——柯林・奧布雷迪《穿越德瑞克海峽的日記》

德瑞克（Drake）是南極關鍵字，他是南極的門神，過了他這關，就可以看到世界盡頭的模樣；但很多人，一聽到這個字眼就打了退堂鼓，放棄南極。

初次前往南極，讀前人的旅行筆記，多半描寫德瑞克海峽有多險惡、誰癱瘓在船上無法動、誰在餐廳吃飯看到海浪打到窗戶便不自覺的狂吐、誰又吞了好幾排的暈船藥準備以無知覺的狀態應付長達兩個整天的折騰時光。我在登上南極探險船前，也不安的在烏蘇懷亞（Ushuaia）藥局買了兩盒暈船藥。一上船，在做行程簡報時，探險隊長就說：「船上有提供暈船藥，需要的朋友

可以跟船醫登記。」看來暈船藥是南極之旅的必備物品，是旅程中的安定劑。

德瑞克就像是瘟神，當船穿過畢格水道（Canal Beagle），進入德瑞克海峽時，旅人們紛紛走避回到房間，少有人會坐在戶外甲板、直視德瑞克的真實模樣。過去幾次的南極經驗因為過於恐懼，我總是在穿越德瑞克海峽時嗑暈船藥嗑到昏睡；近期再訪南極，意識到海象其實是南極旅程重要的一環，狂風暴雨或海浪翻攪都是風景，我反而會跑到旅人紛紛走避的甲板上，看清楚德瑞克的模樣。大部分的時候，他以滾滾黑水，奮力地搖動船體，頂著巨浪在甲板抽菸的生物學家愛德華Eduardo說：「因為這裡洋流強勁，造成海況不穩定，很多人都說過一趟德瑞克海峽，半條命也被晃掉了。」然而，大怒神也並非永遠發怒，我在2015年從南極半島回阿根廷的航程中，穿越風平浪靜的德瑞克海峽，海面平緩得像湖泊，一切不真實得讓人以為德瑞克轉性，摸不清他到底是什麼模樣。

穿越德瑞克海峽多回，但真正和德瑞克本人面對面，卻是在英國的普利茅斯（Plymouth）。

德瑞克是誰？

2019年5月，我到了英國的普利茅斯，這是英國皇家海軍的重要基地，過往英國前往南極的探險旅程，很多探險船是從此處出發。四百多年前，英國人即從普利茅斯啟程，探索了世界的盡頭、衡量地球的輪廓，這個港口標誌著許多人類史上的關鍵事件。

1620年，五月花號（Mayflower）載著清教徒由此出發，到了美國東部，開啟了北美新歷史。對當時的英國人來說，一離開普

烏蘇懷亞登船碼頭，絕大多數南極的船由此啟航。

利茅斯，就是沒有回頭路的大冒險。1831年達爾文於此揚帆，開始「小獵犬號」的環球旅行；二十世紀初，普利茅斯人羅伯特・史考特（Robert Falcon Scott, 1868-1912），在此開始南極點之旅，那趟旅程他和挪威探險家羅阿爾・阿蒙森（Roald Amundsen, 1872-1928，失蹤）競技誰可以先抵達南極點，後來阿蒙森先在南極點插下挪威旗幟。

史考特雖然失敗、甚至喪命，但他留下來的筆記和考察彌足珍貴，隨行的動物學家艾普斯雷・薛瑞—葛拉德（Apsley Cherry-Garrard）所寫的《世界最險惡之旅》（*The Worst Journey in the World*）更被譽為探險文學的經典，主導南極探險史的話語權。

在英國遇見德瑞克

我從普利茅斯火車站出站，拉著行李前進，一小段的爬行，到了一片草原。我的旅店就在這片草原旁。或許是沿途景致過於單調，見到立了一根燈塔的草原時，異常興奮，腳步走得飛快，直到見到大海才停歇。許多人懶洋洋的躺在草地上，我也跟著躺著，以手為枕、望著天空，吹著清涼的風。別過頭瞧向燈塔，想起了多年前曾見過披頭四坐在這片草原上、背景是這座燈塔的照片，那是我第一次去搜尋拍照的地點是何處，第一次將普利茅斯這個名字寫在筆記本上。

燈塔的後方，有一尊雕像，他的右腳旁有一個地球儀，細看才發現他就是在1577年開啟英國環球旅行的探險家德瑞克（Sir Francis Drake，1540-1596），當時他航行至南美洲的麥哲倫海峽，發現了介於南極大陸和南美洲之間的危險海域，現在那片海域以他的名字命名，叫做德瑞克海峽（Drake Passage）。原來在南極聽到讓人聞風喪膽的人，就是長這個模樣：不高、壯壯的、

冰冷的雕塑藏不了的一種殺氣。他從這裡啟程，在南冰洋的海域寫下傳奇。或許是因為關於德瑞克的一切，我都是在搖搖晃晃的大海中聽聞，當我在這片青綠草原看到德瑞克直挺挺地站在藍天之下，感到不可思議。

航海人的標記

這個看似尋常的港口，不斷燃起旅人探險的慾望，它是航海人的重要標記。初夏的碼頭，停了一艘從南極海域開來的探險船Sea Spirit（隸屬於Poseidon探險公司），那是我在2018年10月從阿根廷烏蘇懷亞所搭乘前往南喬治亞與南極半島的探險船，在北半球看到這艘船，覺得很不真實。船上的酒保Sixto說：「3月底結束南極的行程後，回哥斯大黎加看一下家人，就立刻飛來歐洲登船，準備接下來四個月的北極航程。」他在大大小小的郵輪上工作三十三年，在海上過的日子比陸地上多。他繼續說：「船上一些菲律賓工作人員，一路跟著船從南極海域花了19天抵達歐洲。」

菲籍技工Phil對我笑了笑，他一路從南極搭船來到普利茅斯，接著要跟著船繼續往北極航行。Phil正要下船去市區的超級市場Tesco買東西，他笑著說：「市中心還有一個Drake Circus購物中心，很好買。」過了這個海港城市，下一個有這樣城市規模的停泊點不知在何處，在浩瀚的海圖裡，購物中心是一座海市蜃樓。我一聽購物中心的名字是「Drake」（德瑞克），不禁啞然失笑，德瑞克對南極旅人是惡夢，但對普利茅斯來卻是光榮繁華的象徵。

通往世界盡頭的港口

　　港口旁有一間古老的琴酒廠Plymouth Gin Distillery，這間開於1793年的酒廠一直是英國海軍踏實的心靈安慰。走逛酒廠時，導覽員驕傲的說：「世界上第一個馬丁尼（Dry Martini）的酒譜，就是用我們酒廠生產的琴酒來調製。」我喝著過去兩百年來英國海軍船上都會備有的高濃度琴酒（酒精濃度57％），入口的植物的香氣彷彿染上海氣，粗獷而溫柔，入喉後的暖流擋住了港口襲來的風。過往的海軍以琴酒加檸檬，防止壞血病，現在我則是喝著琴湯尼（Gin Tonic）想像通往世界盡頭的滋味。

　　望著海面上的水痕，猶如數百年來探險家們走過的軌跡。被英國人視為英雄的德瑞克，對南美洲人來說卻是海盜，歐洲人的地理發現對當地人而言均是掠奪。這個距離倫敦三百多公里的海港，曾經是探索世界的起點，現在則顯得寂靜。今年本要在普利茅斯盛大登場的五月花號航行四百年相關活動，礙於新冠肺炎的疫情不見好轉，許多活動都改成線上辦理，不過慶典活動也因此從今年夏季一路延伸至明年7月，透過表演、展覽、影片、座談來解析五月花號帶來的歷史影響。如果不是晃蕩到此，我根本不會留意這個港口是探險、移民的重要舞台，普利茅斯深厚而強大的後座力，真的是要繞了世界一圈之後，才會懂。看來無聊的地方，卻是許多驚心動魄故事的起點。（四百年活動網址www.mayflower400uk.org）

　　距離普利茅斯需要將近三個禮拜航程的德瑞克海峽，是很多人南極旅行的起點。平價的探險船、高貴豪華的郵輪都要穿越這片海，大海對所有的船隻一視同仁，不會因為你選擇比較高級的艙房，而減少海洋的晃動。有的旅人想要避開德瑞克的風暴，而選擇以搭飛機前進南極，但極地的氣候難以預測，飛往南極大陸

從普利茅斯出發到阿根廷最南方的港口烏蘇懷亞，是一萬多公里的航行距離。

普利茅斯的地標就是這個燈塔，披頭四的專輯封面曾在此取景。

的班機延誤或取消是常態，搭船反而更能體會這段探險之路，畢竟不管時代怎麼變，這方曾經撼動德瑞克以及爾後數百年來探險家的海域，在這個當下也撼動著我們，跨時空的旅人靈魂，因為海的韻律而連結。

直球對決德瑞克

2019年12月，美國探險家柯林・奧布雷迪（Colin O'Brady, 1985-）和五位友人，花了13天、從智利合恩角（Cape Horn）出發划船穿越德瑞克海峽，總共划了1120公里抵達南極半島。這段讓許多人生不如死、以沉睡來逃避惡劣海象的航程，竟是探險家們一心想要挑戰的目標。他們一行六個人，以清醒的意志、堅強的體力，划向南極、創下了世界紀錄。（在這之前沒有人划船去南極）我透過片段的影片看到這驚人之舉，只見他們白色的小船在浪裡起起伏伏，甚至被捲進浪裡。柯林的日記篇篇都是跟自己的信心喊話，有一篇寫著在夜裡划船時，看不到浪如何撞擊船、也看不到地平線，感覺自己是矇著眼在洗衣機裡。他萬分恐懼，卻不自覺的唱著Bob Marley的〈Redemption Song〉（救贖之歌），一次又一次的唱著，越唱越大聲：

Emancipate yourself from mental slavery／None but ourselves can free our minds／……Won't you help to sing／These songs of freedom?／'Cause all I ever have／Redemption songs……

一起划船的夥伴們也一起高聲唱、信心隨著歌聲變得強大，驅走了黑暗、驅走了恐懼，很累，但疲憊的臉迸出笑容。

在經過數不清的怒海狂浪後，柯林寫著：「我們在大海的憐

在普利茅斯火車站前方的公園可看到史考特（左）與達爾文（右）的鑄鐵人像。

憫中航行，尊重海洋的力量才是安全通行的關鍵。」不管是要走海路還是陸路，南極的旅程只能看天意。南極海域向來流傳這句話：南緯40度無法律、南緯50度無上帝。大海的無常，亦是讓人上癮之處。

德瑞克海峽 Drake Passage

德瑞克海峽東西寬約300公里，南北長達900-950公里，最窄處寬645公里，為南極洲與其他大陸最短的距離。德瑞克海峽是智利合恩角與南極洲南設得蘭群島（South Shetland Islands）之間的海峽，連接大西洋和太平洋，為世界最寬的海峽之一。由於位於亞南極海域，以多風暴聞名，是世界上最危險的航道之一。在巴拿馬運河開通前，是連接大西洋與太平洋的重要航道。

穿越「德瑞克海峽」筆記

很多旅人都會問我：「過德瑞克海峽真的很痛苦嗎？會很暈嗎？會從床上摔下來嗎？」多次往返德瑞克海峽，我更加明白：既然我們不能預測風浪，那麼就隨著風浪前行，事先煩惱，不會讓風浪變小。2007年前往南極時，出航不久，探險隊長就宣布，德瑞克海峽風浪過大，航線必須更動，他才說完，我就看到行李在船艙滑來滑去。吃力地走到餐廳，發現根本沒有幾個人在用餐，絕大多數的人都躺在床上。

之後幾年，過了這所謂的「惡水」三十幾趟，還是無法去「適應」這強大的海韻，見過桌上的食物全部掉落在地、目睹過有人被破掉的杯盤刮傷，我還曾經為了觀浪而重摔在甲板上。為了避開德瑞克海峽的巨浪，有時候船隻會提前離開南極水域，有時又會在烏蘇懷亞或在畢格水道裡等待，既然我們無法改變天氣，只能接受大自然所有的面貌來修改我們的行程。當然，德瑞克海峽也有溫柔的時候，也有幾回看到德瑞克海峽平靜無波，成了德瑞克鏡子（Drake Mirror）。這時旅友說：「未免Peace到不像是前往南極。」

普利茅斯港是早期英國探險船主要的出航港口，在探險史上具有特別的意義。

庫克船長的南方之南
未知的探索

James Cook

　　11點15分左右，我們通過南極圈，到了正午，根據觀測，我們已經在南極圈南方4.5英里處，無疑地，我們是第一艘也是唯一一艘通過南極圈的船隻。

——《庫克船長日誌》1773/1/17

　　2018年，大英圖書館為了紀念庫克船長（James Cook，1728-1779）首航250週年，特別策劃了「詹姆斯‧庫克：旅行」（James Cook：The Voyages）特展，展覽中標誌了庫克三次造訪太平洋的路線，還有第二次與第三次航行的日誌，其中第二次1772年從普利茅斯啟程，走訪南極圈的航程最讓我驚訝，他在日誌中提到：「沿著冰的邊緣前進，我們看見冰山旁有許多企鵝和鯨魚。」極地的面貌已經在他的眼前展開，他一路向南，想知道探險的極限、想知道究竟有沒有南方大陸，但最後在南緯67度15分，庫克寫著：「冰山非常厚而且緊密，我們無法繼續往前。」

半月島（Half Moon Island）上的企鵝棲息地。

庫克回頭了，他不知道他們其實距離南極大陸只剩120公里。

在他之前，沒有南極地圖

　　對南極有興趣的人，常會看到「庫克」這個字眼，尤其若是從紐西蘭或澳洲出發的旅人，處處可見庫克的名字，紐西蘭的「庫克山國家公園」、澳洲昆士蘭省的「詹姆斯庫克大學」……作為地理發現的先鋒，他的名字在南太洋不斷出現，若深入於南太平洋一帶探索，從大溪地到復活節島都有庫克船長的足跡，他甚至是這些地方的發現者。對英國來說，庫克三次的太平洋遠行擴展了帝國的疆域、測繪了太平洋的線條，開啟大英帝國的視野。但對被發現者來說，庫克是殖民主掠奪的開始。當2018年英國「慶祝」庫克發現之旅250年時，紐西蘭的毛利人則上街抗議，他們覺得庫克是掠奪者。畢竟許多所謂的處女地，在庫克抵達之前，早有人居住（只是不是英國人或歐洲人），庫克無權聲稱「發現」，歷史情境的改變，讓史實有了新的詮釋。

　　倒是庫克於1773年1月17日抵達南極圈這件事情，沒有太大的爭議，這是南極探險史上很重要的一天。第一個抵達南極點的挪威探險家阿蒙森在《南極探險記》一書寫著：「庫克船長是世界上最勇敢、最能幹的探險家，他揭開了南極探險的序幕。」這次的南極探索，庫克一路南下至南緯71度10分。一路上的地理測量，讓他繪製出非常精確的南喬治亞海圖。靠著庫克的海圖，以及在日誌上所記錄的為數眾多的海豹等資訊，帶動英國和美國的海豹獵人往南冰洋集中，開啟新一波的地理大發現。

　　細看庫克在兩百多年前畫下的南半球海圖，正中心的南極是空的，但經緯線間已經有一個一個的島嶼顯露，他將南冰洋具體的樣貌逐一浮現。在這趟航行的終了，庫克寫著：「我已完成在

高緯度南方海洋的航行任務，我徹底探索這片海域，發現這裡不可能有大陸存在，除非是在南極點附近，也就是船隻無法進入之處⋯⋯」

穿越時空的聲響

仔細研究這張兩百五十年前的海圖，不禁佩服庫克船長是要經歷多少風浪、冰雪的威脅才能完成這些測量，自己又何其有幸，可以看著前人累積出的地圖來到南冰洋。庫克的日記是那個年代南冰洋的實況報導，他寫著：「一塊塊冰雪持續斷裂，形成浮冰在海上漂浮，我們在海灣時，正好看到大片冰雪崩落，發出砲聲般的巨響。」

兩百年後，這個在南極海域的巨響仍在。儘管旅人前進南極的方式和庫克不一樣，可是大自然的面貌，聽到的聲音卻是相同的。十三年前，我在天堂灣（Paradise Harbor），聽到冰的聲音，就如同庫克所描述的：發出砲聲般的巨響。庫克是軍人，以軍火來形容冰的聲音，而我，則是聽到煙花綻放的聲音。一塊冰突然從冰河前緣崩落，在灣澳解體成風雪，如同煙花發射，在海灘掀起如聲波圖般的漣漪。在那一刻，我懂了庫克的感受，大自然的跫音迴盪在超越時空的旅人之間，靜靜聽著冰的聲音，其實也是聽聞著過往探險者的聲音，心跳聲也隨著紛落的冰雪越來越清新，噗─通─噗─通，世界盡頭的聲響一次又一次的放送著。

夕陽下的海上冰山。

未知的探索

「為什麼去南極？」、「那裡不就是一片白茫茫，有什麼好去？」自從踏上南極的旅程後，一直被友人們質問。後來一而

欺疑島有地熱，常常會產生較為溫暖的水氣。

再、再而三的踏上南方之南的旅程，南極彷彿一塊磁鐵，讓我一再靠近。或許是出於對未知疆界的好奇、或許是因為對白茫茫世界的神往、或許是因為迷戀酷寒、或許是被史考特曾說的「極地探險，最乾淨也最孤獨的受苦方法」所吸引，我成了離不開南極的旅人。

兩百多年前的庫克，三次前往南太平洋，探索地球的未知之境，試圖幫英國尋找南方大陸。兩百多年後，整個地球都在 Google Map 的掌握下，我們端坐在電腦前，就可以看到天涯海角的樣子，甚至透過虛擬實境（VR）、擴增實境（AR）即可以身歷其境。但我們還是要踏上旅程，走訪極地，因為南極的黑白世界，要置身其中才知道他的黑和他的白是有層次的、要實際在冰硬的大地上踩到企鵝屎滑倒，才知道這個疆域的主人是大自然，要持續的在強風中走動被風在臉上颳出傷痕，才明白什麼是南極的印記。儘管我的南極旅行路線多次重複，但每一次的出航依然是未知的旅程，不曉得這回的浪有多大、不曉得這次的風有多狂、不曉得是否可以順利登岸，唯一的已知就是未知，無盡的未知引領著旅人不斷在南極探索。

為什麼要探險

庫克的航行，為南極探險揭開序幕，探險家們一路向南，如攻城掠地般，在地球的底端紛紛寫下自己的名字。打開南極的地圖就像看到探險家的簽到簿，這是威德海（紀念 James Weddell）、那是羅斯海（James Clark Ross 發現的），那是巴勒尼群島（Balleny Islands，Balleny 發現的），那是拉森冰棚（挪威探險家兼捕鯨人 Carl Larsen 是首位在此滑雪的人）。遠方的君王們，俄皇亞歷山大一世、挪威毛德皇后（Queen Maud Range）、

冬天過後的研究站。

科學家在島上設的相
機，觀測企鵝的活動狀
況，海上有私人帆船前
往南極旅遊。

挪威國王奧斯卡二世、瑪莉皇后……名字齊聚在世界盡頭。簽到簿越寫越南，越寫越多，甚至長城、崑崙、泰山的名號都出現了，這塊遠方的疆域成了宣揚國威的戰場，亦是樹立個人成就的勳章。

看來眾聲喧嘩，但他依然是極安靜的大陸，百分之九十五的覆雪掩去人世間的爭執。在這個看似一切透明、無險可探的年代，依然有人鍥而不捨的探索南極，美國探險家柯林在2018年才完成單人橫越南極大陸的創舉，一年之後，他又划著船通過德瑞克海峽造訪南極。南極是讓人戒不掉的癮頭，從地理上的未知探險到體能上的未知探索，他都是讓人鍛鍊自己、看清自己的疆域，如同一面鏡子。

過了德瑞克海峽，就是通稱的南極了，在抵達南極大陸前，不管是南設得蘭群島或是斯科舍海（Scotia）和威德海之間的南歐克尼群島（South Orkney Islands）漸漸有了人跡。這些痕跡都是過客所留下，從早期的捕鯨、捕海豹工作站，到現在大大小小的各國研究站。人類，越往南越渺小，成千上萬的企鵝、海豹統治這個區域。

1774年庫克船長第三次進入南極圈，他寫道：「我有野心，不僅想要去到沒有人去過的地方，而且想要去人類可能去的最遠處。」因為未知，我們不斷的在往南的路上。

南極探險船通過狹窄的利馬水道。

南極的定義

《南極公約》（AT）定義南緯60度以南，通稱南極，全區域包括海洋、島嶼、南極大陸，總面積為5200萬平方公里。至於南極圈是指南緯66度34分的緯線，南極圈內有永晝和永夜的現象，亦是劃分南極溫帶和寒帶的界線。

《南極公約》是目前世界上規範南極活動的守則，該條約於1959年達成協議、1961年生效，目前有五十個國家簽署。公約主要的主張為：南極不屬於任何國家、南極洲僅用於和平目的、促進各國科學考察的國際合作、禁止進行核爆和處理放射物、南極洲屬於全人類。

1972年，通過《南極海豹保護公約》（CCAS），制定旨在防止海豹族群滅絕的措施。

1980年，成立南極海洋生物資源保育委員會（CCAMLR）。

1998年，《南極條約環境保護議定書》（PEPAT）正式生效。議定書指定南極為自然保護區，專用於和平與科學，迄今共建立六個附件，包括動植物保護、防止海洋汙染、環境破壞的責任等，設立環境保護委員會（CEP），擴大了ATS的範圍。

南設得蘭群島 South Shetland Islands

南設得蘭群島（相對於蘇格蘭北方的設得蘭群島）距離南極半島約120公里，是許多旅人過了德瑞克海峽後，會先登陸進行生態觀察的地點，因此是南極旅遊最重要地區。

＊半月島 Half Moon Island

島的北方有一個阿根廷基地，該島已被國際鳥盟（IBA）確定為重點鳥區，因為這裡有約100對的灰賊鷗、頰帶企鵝2000對、南極燕鷗125對，還可以看到威爾遜海燕、黑腹海燕、海角海燕、棕賊鷗、白鞘嘴鷗和國王鸕鷀。在半月島的沿岸散步或搭小艇巡遊，亦有機會看到鯨魚和豹海豹的蹤跡。

＊欺疑島 Deception Island

欺疑島有個火山口，入口很窄，而且入口的中央有暗礁，有些船撞到礁石而受損或沉沒，但進入之後就是極為安全的內灣，至今仍有地熱，不少南極郵輪會造訪此島，並讓旅人體驗泡南極溫泉的樂趣，儘管水溫只有5、6度，但不少人脫下厚重的服裝、穿著清涼的泳衣，感受南極的「溫」泉。

捕鯨人灣（Whaler's Bay）是欺疑島上最重要的登岸點，在欺疑島上還會看到一些鯨骨和木船的遺跡。最精彩的健行步道是海神之窗（Naptune's Window），旅人可以沿著雪坡往上走到最高點，這是一個U型山坳可遠望外海、山壁與整個捕鯨人灣。接著可往昔日的捕鯨站參觀，儲存鯨油的圓型油槽、已被冰雪破壞的木屋、小小的墓園……，這些都是人類在南極生活的痕跡。

如果夠幸運，有機會在欺疑島東側的貝里岬（Baily's Head）登岸，就可以看到滿山遍谷的頰帶企鵝，這裡大約有10萬對頰帶企鵝在此築巢繁衍後代。

海冰夠厚時，登陸艇直接衝上海冰讓觀光客登岸。

1978年阿根廷籍Emilio Marcos Palma在艾斯皮蘭薩研究站（Base Esperanza）出生，是第一位在南極出生的嬰兒。

*喬治王島 King George Island

喬治王島是南設得蘭群島中面積最大的島嶼，許多國家的科學研究站設在此地，其中阿根廷、智利、巴西、中國、韓國、波蘭、俄羅斯、烏拉圭在此設立全年運作的研究站，而美國、荷蘭、祕魯，德國、厄瓜多則設立夏季的研究站。其中智利的弗雷基地（President Eduardo Frei Antarctic Base）是南極半島地區最大的研究站之一，設有醫院、郵局、學校、銀行、體育館、機場等設施。若以搭飛機前進南極的旅人，多半是從智利蓬塔阿雷納斯（Punta Arenas）飛到這個基地的機場，再轉搭船前進南極半島，以避開德瑞克海峽的驚濤駭浪。（不過要有心理準備：飛機常因天候而取消）

拜訪阿根廷歐卡達研究基地

2011年的聖誕節，我有幸參觀位在南歐克尼群島裡的羅利島（Laurie Island）阿根廷「歐卡達研究基地」（Orcadas Base）。這個研究站是南極所有研究站中最早成立而且也是營運最久的研究站，它從1904年起至今持續進行科學研究，夏天通常有45位工作人員駐站，冬天則有14位工作人員，整個區域共有11棟建築。研究站不是只有科學家，要維持研究站的運作需要有許多不同專業的人才，如：電機電腦工程師、木工、廚師等，研究站的設計還必須顧慮工作人員的休閒活動。如果是要在此度過冬天的基地（許多基地在南極冬天會暫停營運、撤離人員），如何在八個月內完全沒有補給的情況下做好研究，並且讓大家生活過得不錯，又是一大挑戰。

進到建築物裡面後，室內的暖氣一甩外頭的寒氣，駐站的十餘位工作人員已經超過八個月沒見過外人，我們是他們在這個季節第一批接待的外人。透過船公司的申請，我們才有機會參觀工作站，走訪他們的酒吧、寢室、起居室。

到南極旅行，很多人以為到研究站參觀是天經地義的事，其實這是錯誤的觀念，研究站不是旅遊點，每個站都有它的科學任務，也不是每個站都歡迎遊客參觀。就算到了位於南極點的「阿蒙森史考特研究站」（Amundsen-Scott South Pole Station），也要事先申請才能進去參觀，否則會吃閉門羹。

喬治王島是南設得蘭群島中研究站最多的地方，這是波蘭站。（攝影Daniel Wu）

歐卡達研究站是南極所
有研究站中，最早成立
也是營運最久的。

循著達爾文的印記
抵達福克蘭群島

Charles Darwin

　　在景色荒涼而可憐的丘陵起伏的地面上，到處滿布著泥炭土和單調粗硬的褐色野草。灰色石英岩的尖峰或山脊從各處平坦的泥炭土表面上聳起。此間的氣候，人所共曉，我們可以把它和北威爾斯的一千至兩千英呎高地上的氣候做比擬，既少陽光，又乏霜露，唯有連綿的風雨而已。

——達爾文《小獵犬號環球航行記》

　　站在福克蘭群島吉普賽灣（Gypsy Cove）的砲台旁，頂著風，看著灣澳旁的沙灘、低矮的叢生禾草（Tussac）、在風中搖曳的蕨類，在岩石上冒出的烏毛蕨（Blechnum）更是逆著風在嶙峋的岩石上挺著，船上的生物學家Boris說：「福克蘭群島的某些蕨類可以長到50公分，在這種多風又冷的地方自成一格，健壯的蕨類還可做為蜘蛛或其他昆蟲遮風休息的地方。」物種因為環境挑戰而慢慢修正其形體，以適應當地情境，幾乎是在極地旅行常

傑森尖塔島（Steeple Jason Island）有世界最大的黑眉信天翁棲息地。

會聽到的生物法則，達爾文（Charles Darwin, 1809-1882）的名字一再被提起，關於他的《物種原始》、關於他的《小獵犬號環球航行記》（*A Naturalist's Voyage Round the World in H.M.s Beagle*）都是南冰洋旅程中探險隊員在講解時會提到的作品，甚至在福克蘭群島，也有一個村落名喚達爾文，這個名字幾乎是英國在遠方科學考察、物種大發現的代名詞。

遙遠的島，消失的物種

達爾文對福克蘭群島的地景描述是以北威爾斯高地的氣候來比擬，旅人很自然地以自己家鄉的風土為基準，來衡量異地風景。所以當我們在國外時，總不經意冒出這個看起來好像台北、那個古蹟好台南……家鄉的名詞到了遙遠的異國，成了形容詞。

1833年與1834年的3月，達爾文抵達了福克蘭群島。在他的環球旅程中，一路採集各式各樣生物、記錄每個地方的地貌與風土，將所見所聞寫在《小獵犬號環球航行記》。一百多年前的里約、布宜諾斯艾利斯、火地島、巴塔哥尼亞、麥哲倫海峽等遙遠之境，都被這位博物學家細細的記載。

每每我要前往南美洲，一定會把《小獵犬號環球航行記》的相關章節，一讀再讀，試圖了解達爾文眼中的世界和當下時局有何差距。讓人直呼神奇的是，關於這些地球邊緣之境的記載，達爾文的日記至今仍非常精確，尤其在福克蘭群島的山谷裡看到不少多角形石英岩的碎塊，不由得的想起達爾文在日記裡所寫的「石流」，他提到：「有些地方可以看到一條連續不斷的石塊河流，不僅沿著整個河谷伸展，甚至直達山脊。在這些山脊上，一塊塊比小房屋還要大的石塊，看上去好像是在它們急速行進時被扣留下來似的。」他還發現這些石流的坡度很小，他寫著：「這

桑德斯島的麥哲倫企鵝。

達爾文的小獵犬號考察
之旅對火地島、福克蘭
群島等地有深刻的記
錄。

裡的坡度絕對可供英國郵車暢行無阻。」

在達爾文的福克蘭群島日記裡，有一張福克蘭狼形狐的素描寫生，就他觀察，在世界其他地方都沒有像這一塊距離主要大陸很遠的島嶼，會有這種原生種的大型四足獸。當時狼形狐的數量正在減少，達爾文指出，如果福克蘭群島完全被移民占據，這種野生動物就可能會滅絕。如他所預測的，福克蘭狼形狐已經絕跡。我一抵達福克蘭群島，看到的是雁、是鸕，最重要的是到惡魔之鼻（Devil's Nose）看黑眉信天翁的棲地。

阿根廷的烏蘇懷亞常見對福克蘭群島的主權宣示。

數百隻黑眉信天翁正在築巢，在鳥巢旁有幾隻好奇的跳岩企鵝在旁邊觀望。生物學家沃姆說：「這個山谷對信天翁來說是完美的棲地，在福克蘭群島牠們幾乎沒有天敵，可以安心的在此築巢、下蛋、訓練下一代飛行。唯一讓信天翁數量減少的威脅就是人類，許多大型捕漁船的漁網勾滿上百個魚鉤，信天翁誤以為魚鉤是海中的食物，而被魚鉤鉤住、不幸喪生。」不管是達爾文時代還是此刻，人類都是改變福克蘭群島物種的殺手。

斯坦利有許多從捕鯨時代遺留至今的廢船。

英國人的鄉愁，阿根廷人的焦慮

我從吉普賽灣（Gypsy Cove）慢慢散步6公里走到斯坦利港（Port Stanley），沿途景色多半蕭索，不時看到岸邊有廢棄的船隻，一個半小時的路程，沒看到任何一個人，直到靠近斯坦利港，才出現人聲，很難想像在這裡生活的樣貌。

在南極的船上擔任探險隊長，有時候會在船上待兩至三個月的Ryan說：「南極離英國很遠，但是每當船停泊至福克蘭群島時，我就覺得鄉愁得到紓解，尤其斯坦利港，非常英國。那紅色的電話亭簡直就是誘發鄉愁的引擎。」斯坦利的主要街道羅斯路（Ross Road）有幾個在倫敦街頭會看到的紅色電話亭，大街上還

西點島（West Point Island）上黑眉信天翁與跳岩企鵝共同棲息地。

有一間銀行HSBC、幾間酒吧賣著炸魚與薯條，英倫風濃烈。在看了多日天茫茫海茫茫只有信天翁、企鵝等蒼茫地景，來到據說有2500百人居住的小鎮斯坦利（但街頭居民看不出有超過50人，好安靜），有短暫和現實世界接軌的熟悉。

　　福克蘭群島距離阿根廷火地島500公里，距離英國13000公里，1982年的福克蘭戰爭阿根廷大敗，福克蘭群島自此就被列為英國「國土」。當然，阿根廷吞不下這口氣，儘管戰爭已經結束了快四十年，但在南極觀光船主要停泊的港口烏蘇懷亞（Ushuaia）的福克蘭廣場（Plaza Islas Malvinas），日日夜夜展示著阿根廷跟福克蘭群島的深厚關係，還佐以斗大的標題：福克蘭群島是我們的！英國和阿根廷之間因為這片在南緯51度到53度、多達740個島嶼的群島而關係緊張，若是行色匆匆的旅人，應該難以理解這片地景荒涼、過去又滿是逃亡的叛國者和暗殺者的群島（叛國者與暗殺者是達爾文記載的）有什麼好爭的？但自南極探險史開始，福克蘭群島就是捕鯨、捕海豹、遠洋漁業的重鎮，更是航運的轉運維修站，儘管船運功能因巴拿馬運河開通而被取代，但島上的羊毛、羊肉、牛肉貿易也是一大經濟收入，近海的石油探勘則被視為此刻的黑金。

夾在中間的人，左右為難

　　我想起十年前第一次到福克蘭群島時同行的一對父子檔，小男孩的名字叫做約翰，他說：「我家在福克蘭群島，為了去南極我和爸爸先飛到智利的蓬塔阿納斯（Punta Arenas），然後從蓬塔阿納斯搭飛機到阿根廷的烏蘇懷亞！」當時我以為這個小男孩在開玩笑，因為福克蘭群島離南極很近，許多走南極區域的郵輪都會經過福克蘭再走訪南極，小男孩沒必要大老遠的飛到智利然後

飛到阿根廷，再搭兩天的船回家，接著繼續前往南喬治亞、南極半島，這樣的旅遊動線其實非常詭異。

直到我們的船停在福克蘭的斯坦利港，有半天的自由活動時間，男孩和父親很快的下船，港口有一個女人牽著一個更小的男孩，約翰直奔向那女人，喊著「媽媽！」原來，他們真的來自福克蘭。同船的旅人在英國最南邊的領土觀光，這對父子卻是回家三小時，喝杯茶、上上網，然後再跟其他旅人會合、登船，繼續南極之旅。

男孩的爸爸大衛無奈的說：「去南極的船多半從烏蘇懷亞出發，有的路線會經過福克蘭群島，但是風浪的事說不準，有時候風浪太大，船隻無法停泊，這裡也無法上船。我們只好到烏蘇懷亞搭船。」儘管福克蘭群島距離烏蘇懷亞才500公里，不過因為阿根廷和英國之間的緊張關係，從烏蘇懷亞無法直飛到福克蘭群島，旅人必須繞去智利南方的機場、再前進福克蘭。看似很近的兩個世界盡頭城市，卻分別在世界的兩端，必須拐個大彎才能串連在一起。

卡爾卡斯島（Carcass Island）上的麥哲倫企鵝。

當時福克蘭群島有兩千多個居民、四個醫生，大衛就是其中一個醫生。雖然「號稱」是英國在地球上最南的領土，但是卻有自己的貨幣「福克蘭英鎊」，英鎊上有女王的肖像，然而多了「Falkland」這個字眼，而福克蘭英鎊一出這個群島，就直接成了廢幣、只能做為紀念品。這才是真正的世界盡頭，使用著只有在這裡才通行的貨幣。

我問大衛：「怎麼會在福克蘭行醫呢？」他笑著說：「我原來住在倫敦西郊，後來和老婆兩人駕著小遊艇從英國出發、環遊世界，海上航行到第八個月的時候已經旅行到福克蘭群島，老婆懷孕了，索性就在福克蘭落腳、在這裡把約翰生出來、也在這裡定居，這一住就是十二年。」他的旅行、他的人生聽起來順理成

育雛中的麥哲倫蠣鷸。

章，就這樣率性的在離英國本島1萬5千公里的世界盡頭定居。

人生就在幾條縱線橫線交錯

想想約翰現在應該也22歲了，照著大衛的計畫，現在他們應該搬到紐西蘭讀大學。對福克蘭群島的人來說，若要讀本國大學就得飛到英國，英國政府會支付福克蘭人的學費，只是這一離家就是1萬5千公里，回家路遙遙，夢想也變得不一樣。

我以羅斯街為軸心，穿梭和它交會的巷弄，有如走在工整的棋盤裡。巷弄間的幼兒園竄出孩子們的笑鬧聲，老師在窗邊看到我，對我揮揮手。住在這樣的地方，每個人都熟識，人生就在幾條縱線橫線交錯的街區裡度過。小鎮是安逸的，一間郵局、一間銀行、幾個教堂、一間超大的超級市場West Store即能讓小鎮運轉，簡單得有如線上遊戲，電玩裡自己規劃的市鎮都比這裡規模大得很多，且刺激。

我以為在阿根廷最南端的城市烏蘇懷亞已經是世界的盡頭，但和斯坦利相比，烏蘇懷亞簡直就是繁華的曼哈頓。斯坦利好安靜，安靜到我擔心自己的腳步聲驚醒了這個小鎮。常年在南極生活的科學家常把福克蘭群島的斯坦利視為天堂，上個世紀末期就到南喬治亞工作的蘇格蘭人Robert就說：「小孩能在這裡長大真的很幸福，只有幾條街，每個人都認識彼此，非常單純。」至於曾經在南極大陸工作三十三個月的歷史學家Phil提到福克蘭群島更是激動，他說：「當你連續兩年都沒看過綠色植物，船抵達福克蘭的時候，會被眼前那麼多的色彩感染到流淚。」

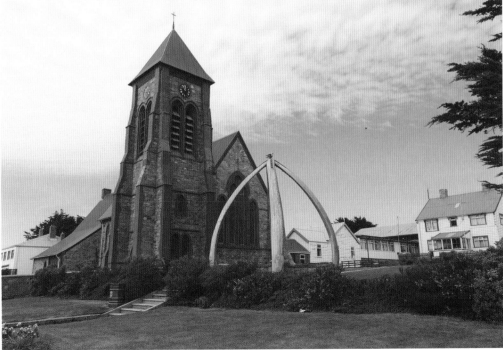

自此之後就沒有人煙

　　我僅是這個小鎮的短暫過客，但對生活重心在南冰洋的船上工作人員來說，斯坦利是具誘惑力的補給站。平時到任何景點都沒有下船的菲律賓籍和俄國籍的船務人員，一到斯坦利便紛紛下船鑽進West Store，熟門熟路的在想要的貨架前把零食、飲料、香菸放在大推車裡。探險隊的成員也一一走進West Store，生物學家Eduardo好心的提醒我：這裡是這趟旅程中最後一個有人住的地方，過了福克蘭群島，一路向南，就沒有人煙、沒有日常的商業行為（其他地方只能去研究站買明信片與紀念品）。一聽到「就沒有人煙」，我和室友連忙在貨架上拿了紅酒、琴酒、威士忌。採買完成後，室友Karin說：「想要在酒吧吃一份炸魚和薯條，因為告別這裡後，將有兩個禮拜吃不到陸地上的東西，你不覺得在不會搖晃的地方用餐有如天堂嗎？」

　　是啊！才船行3天，我就貪戀陸地上的時光，依依不捨的在斯坦利鎮上晃蕩，最後鑽進了Waterfront Boutique Hotel的酒吧，點了一杯島上居民釀的啤酒Rockhopper。以這裡最具特色的跳岩企鵝（Rockhopper）作為啤酒名，非常有福克蘭風。喝著清爽的啤酒、望著眼前的大海，這是此行最後一次坐在陸地上喝酒看海，之後的飲酒、吃飯、看書、聊天……所有的一切都在海上了，當然，看海，也是在海上。

桑德斯島生態豐富，但浪腳很大，不易登岸。

福克蘭群島檔案

福克蘭群島由740多個島嶼組合而成，總面積12200平方公里，人口約3400人，其中首府斯坦利就有2500人。群島位於阿根廷火地島東部500公里（310 英里），1982年阿根廷與英國爆發福克蘭戰爭，阿根廷兵敗，英國確認在此的主權。福克蘭群島的氣候屬於寒冷潮濕的海洋型氣候，至於地理上則曾經是非洲大陸的一部分，此島在百萬年前從非洲大陸分裂出來。最早是法國探險家布干維爾（Louis Antoine de Bougainville）在此建立聚落，也是他為此群島命名Îles Malouines（目前西班牙文的名稱Islas Malvinas亦是由此而來）。不過考古學家已發現，在歐洲人登陸前，島上其實已經有巴塔哥尼亞的原住民來此生活。

漫遊福克蘭群島

＊斯坦利Stanly

斯坦利為福克蘭群島的首府，1840年初期即有人在此定居。由於有避風的港口、淡水和做為燃料的泥炭，斯坦利一直是南冰洋地區的船運重要補給站，在巴拿馬運河開通前，斯坦利為所有繞過合恩角的船隻提供補給和維修，商機無限。但自1914年巴拿馬運河開通後，斯坦利轉型以羊毛與販售的捕漁證做為主要的經濟來源，石油探勘則為近期關注的焦點。

斯坦利的主要街道是羅斯路（Ross Road），沿街為典型的英國建築，只是建材為木頭與鐵皮。旅人可參觀被譽為世界上最南端的大教堂基督教堂（Christ Church Cathedral），教堂建於1880年代後期，教堂的門口有一座顯目的鯨魚骨拱門，此拱門是為了慶祝英國統治該島100年而設立，為福克蘭群島最著名的地標。

港口旁的大街上有幾家酒吧，可點炸魚薯條或羊肉料理，目前斯坦利有在地人製作的精釀啤酒，可在酒吧品味。港口旁的博物館亦值得參訪，對於福克蘭群島的人文、歷史、生態能有更深入的了解。

＊西點島West Point Island

西點島自1879為Napier 家族所擁有，目前的主人是Roddy 和Lily。旅人在此登岸可欣賞信天翁的棲地與跳岩企鵝的生態。通常在生態觀察過後，船公司會安排到Roddy家喝咖啡或紅茶，品味Lily做的茶點。島上的生活依賴風力發電，水源的管線也是Roddy張羅，在此可一窺島上的生活樣貌。

＊卡爾卡斯島Carcass Island

此島為McGill夫婦擁有，是以英國軍艦「Carcass」號命名，McGill夫婦在此生活三十年，養了九百頭羊。旅人在卡爾卡斯島登岸會行經大片的草原，沿途可看到白草雁（Kelp Goose）、麥哲倫地鷸（Magellanic Snipe）等鳥類。草原的盡頭是沙灘，沙灘上可觀察尖圖企鵝（Gentoo Penguin）與麥哲倫企鵝。

＊桑德斯島Saunders Island

桑德斯島是熱門的登岸點，這裡通常可以看到身體黑白相間的黑白海豚（Commerson's dolphin）。此處是麥哲倫企鵝最南的棲息地，也有不少尖圖企鵝與一些國王企鵝。較高的山坡上則是跳岩企鵝、黑眉信天翁和藍眼鸕鶿的棲息地，沙灘上有完整的鯨骨。桑德斯島生態豐富，不過登岸點的浪稍大，不易登岸。

讀著《世界最險惡之旅》
進入南極大陸冰世界

Apsley Cherry-Garrard

那晚的氣溫是零下75.8度，我不由得想，但丁把冰獄列在火
獄之下是有道理的。

——Apsley Cherry-Garrard《世界最險惡之旅》

過了德瑞克海峽，逼近南極的海域，漸漸有一些冰山出現在
海上，對我來說，這就是來南極想要看到的風景。冰，大量的
冰，冰山冰河冰架冰原，在世界的盡頭，一切都化為純粹、一切
都是冰。在如此寒冷的冰點，卻點燃了許多人的狂熱與慾望、融
合多人的夢想，當步步逼近南極半島時，和這方冰世界有關的故
事，一一湧出，被冰封的前塵往事，得到最完美的保鮮，過了數
百年依然鮮明。

美麗與邪惡並行的海面浮冰

　　這個標題精準道出旅人們面對的處境：浮冰很美卻暗潮洶湧，在讚嘆美麗的同時也可能已經步入致命的危險。南極的旅程越靠近南方，海面上的浮冰越來越多，大大小小的冰山也一一出現。雖然探險旅行在這一百年來於技術上有很大的突破與發展，但南極的冰風暴一直存在，史考特、薛瑞、謝克頓等人所感受過的冰風景，現代的旅人同樣也必須面對。

　　薛瑞（Apsley Cherry-Garrard, 1886-1959）24歲時參加了南極探險隊的甄選，他的人格特質加上捐贈探險隊一千英鎊，讓他在八千名申請者中脫穎而出，以助理動物學家的身分加入了史考特1910年的南極探險。

　　很多人把那趟探險視為和挪威人阿蒙森的競技之旅，其實，最初那趟探險的主要目的是執行科學考察任務，薛瑞就是科考隊的成員，他必須去尋找帝王企鵝的蛋。由於帝王企鵝是在冬天下蛋，薛瑞為了取得樣本必須在攝氏零下70度的南極過冬，那個驚險又痛苦的歷程收錄在《世界最險惡之旅》的〈冬之旅〉章節，他悟出描寫地獄神作的但丁《神曲》中，把冰獄列為火獄之下非常有道理。

　　對二十出頭的年輕人來說，剛到南極海域一切盡是新鮮，他在日記裡寫滿對冰山冰河的興奮。他寫道：「天空變得亮藍，到地平線附近轉為綠與粉紅。浮冰是粉紅色的，漂浮在深藍的海中，影子則一律是淡紫色。我們行經一座巨大冰山，一整天都在一座又一座的湖、一條又一條冰間水道上穿行。『這像是皇宮大道』有人說，有時候我們行駛在垂直的冰牆之間，冰牆連綿如通衢大街。冰牆往往非常平直，讓人不由得想像它們是用好幾百碼的巨尺切割而成的。」

PENGUIN CLASSICS

APSLEY CHERRY-GARRARD

The Worst Journey in the World

讓人瞬間懂事的風景

在歌頌冰的美麗時，他同時也寫下擔憂：「冬天的浮冰群地帶一定很可怕；再沒有比這裡更黑暗、更荒涼的地方了。」身經百戰的史考特在天候不佳時目睹浮冰群，亦寫下「舉目所見盡是無望」的絕望句子。不管是新手還是探險老鳥，看到浮冰都會揚起心中最深層的擔憂。我帶著《世界最險惡之旅》行旅南極，身處可遮風避雨還有暖氣的探險船上，探險隊長廣播：前方有冰山。我站在船舷，看著如同薛瑞傳神描述的浮冰、冰山的樣貌，在讚嘆風光旖旎的同時，心底有小小的不安。

同行的旅人看見冰山不由得興奮的拍照，開心的表情如同薛瑞探險初期對於南冰洋一帶地景輕快又浪漫的描述。但隨著他在南極過冬、經歷了史考特的死亡、翻山越嶺去找史考特的屍體……兩年半的南極經歷讓他瞬間長大，文章書寫到後半段，盡是對人生的無奈，以及對於大自然險惡的無力。當他從埃文斯角（Cape Evans）走了19天到克羅齊角（Cape Crozier），他表示，這19天的痛苦非過來人不能理解，他寫道：「人家總說死是怎樣的英雄行徑。他們哪裡知道死是容易的：一劑嗎啡、一條冰縫、一場好睡。難的是繼續向前……」他不僅是動物學家，更是史考特這趟旅程最重要的旁觀者，鉅細靡遺地記錄下一切，同時交錯同行者史考特、地質學家普利斯特雷（Raymond E. Priestley, 1886-1974）、鮑爾斯（H. R. Bowers）等人的日記，讓這趟探險之旅的全貌完整呈現。

我第一次讀《世界最險惡之旅》時，覺得瑣碎，為何要把攜帶幾批馬、幾條狗上船寫得那麼詳細，哪隻狗墜入冰縫、哪匹馬暈船都一一記載，而旅程中的裝備細項與重量更是羅列得清清楚楚。後來隨著去南極的次數變多，把這本書看了又看，終於明白

為何薛瑞要把這一切寫得那麼細，要有那麼多人的觀點，因為這一切就是要讓之後的旅人得以存活、得以記取教訓走上成功之路。他在序文中寫道：「本書之所以不憚其煩，詳盡敘說方法、裝備、食物與重量等等，就是希望留下完整紀錄，供將來的探險者參考。」看到這句話，我不禁熱淚盈眶，他留下來的不只是經典的探險文學，而是一個救生圈。在史考特之後這一百年的探險者、旅行者，無不是修正前人的腳步，不斷在探險之路進步又進步，靠著前人經驗的累積與突破，我才得以在這艘船上，慢慢地逼近南極半島、前進南極大陸，欣賞冰的世界，而非陷入冰的煉獄。

冰的迷離世界

「其實我們所看到的冰山，只是整座冰山的十分之一。」坐著橡皮艇、在梅爾基奧（Melchior Islands）間巡遊時，船上的生物學家Colin說。眼前的冰山非常平靜，有如禪定的大型雕刻，但是駕駛橡皮艇的Colin在接近冰山時仍小心翼翼，不敢太過接近，因為安靜的冰山外觀只是表象，聳立在海上的冰山已建構出他的海流系統，冰山下的風景和危險是旅人摸不透的。Colin說：「南極讓人見識到冰的力量，以及冰的奇幻世界。」只是這個世界是神祕的，安穩的冰山表面下往往藏著騷動狂暴的靈魂。冰山，是供人景仰的。

見過南極的冰才能明白冰的世界的奧妙，冰山、冰河、冰原、冰架等專有名詞在南極可以看到實體的對應，這是冰的世界、是白色南國。冰山因為風的侵蝕而有不同造型，南極的風特別狂妄，年平均風速80公里、最高風速可達320公里。風力是把利刃，在冰山上揮舞著，刻劃出不同的冰山面貌。有的像印地安

人的面孔、有的像希臘羅馬時代的列柱、有的像月球表面、有的
在小灣澳內蝕成一個洞並晃盪著光影的美、有的像一粒粒的小饅
頭散落在海洋上，而且個個刻劃刀法不同，有時是俐落的直線、
有時是摩擦出的凹凸感、有時則是以國畫的皴法劃過。在冰山群
間穿梭，見證的是天工的不可思議。

　　11月初的南極（南極初夏），隆冬的瑞雪未退，大地覆著厚
厚的白雪，是冰封的世界，很多地方踩踏其上都不曉得是陸地還
是坑洞，每踏一步就是陷進一個小腿的深度，雨鞋底下是更厚實
的冰層。那時候在南極散步，比較像是在一個坑洞一個坑洞間爬
上爬下，冰雪之路不是平的，只能循著前人踩踏的坑，繼續踩踏
前進。

　　盛夏的南極，雪慢慢融化，露出岩石的線條，線條在巨大的
白色世界裡，顯得渺小，像是毛筆劃過的筆跡，冰原是白色的畫
布，岩石露出的線條則串連出大幅的抽象畫，線條交錯有彎有
直、顏色有深有淺，震撼度遠勝畫家波洛克（Jackson Pollock）的
巨幅作品。露出的岩石在靠海平面的區塊則是另一件極地大地藝
術創作，冰河的侵蝕與移動，在岩石上刻下或深或淺出奇工整、
對仗的線條，冰的力道鑿出岩石內裡的顏色，銅黃色、青灰色、
墨綠色等屬於礦石的暗色系，在只有白色和黑色的世界裡，成了
明亮的線條，像樹木的年輪般嵌在極地風景裡。

穿梭在冰晶裡的光

　　冰的質地因為日積月累的時間、壓力而呈現不同的密度，漂
浮的海冰，有時候像一畦一畦白色的鹽田，整齊的鋪在海面；而
更多的是萬年玄冰，剔透的在南冰洋上閃耀。坐著橡皮艇在丹
可島（Danco Island）周邊巡遊時，是闖進露天冰雕博物館的旅

程，澄澈的冰在陽光照射下閃爍七彩光芒。老成的冰磚則露出迷幻的藍光，那抹神祕的藍窺探了幾百年的南極祕密。在陽光的折射下，冰山有雪白色、灰白色、粉藍色、水晶藍等不同的光彩，有人說藍色是因為冰長年擠壓而呈現的光譜、有人說藍色是反射陽光後最容易穿透的色澤，不管是那一種說法，泛著藍光的冰，奇幻得讓人說不出話，擔心吐出一個字，神祕的光彩就會消失。

　　南極海域的橡皮艇巡遊，是闖入冰晶世界最美的巡禮。當行經一片佈滿碎冰的海域時，橡皮艇和碎冰摩擦出清脆的聲響，陽光明媚、把每一塊小碎冰都染上鑽石般的光亮。光影燦爛讓人迷醉，我記得有一回，駕駛橡皮艇的Colin索性將橡皮艇的引擎關掉，讓橡皮艇在碎冰間漂盪、聆聽窸窸窣窣的冰聲音。坐在我身旁的日本旅人龍一忍不住撈起閃爍的浮冰、直接放在口中品味，陶醉的咀嚼南極味道。Colin則抱起一個足球般大的冰塊，笑著說：「上船後，我們就有南極風味的Whisky on the rocks，有這些陳年冰塊調和，極地的威士忌滋味讓人迷醉，那個味道，你不會忘記。」

寂靜大地裡的冰聲響

　　冰，可以堅硬得讓行走在南極的船隻擔憂；也可以柔軟得融在威士忌裡，增添酒質的甘美。冰，看起來冷酷安靜，但當他發出聲響時，就像一顆子彈竄出，巨響之後，總是有些東西徹底的改變。2010年3月抵達南極半島的尼可灣（Neko Bay）時，是仙境般空靈的好天氣，這個港灣純淨得發亮，如果人間真有仙境，大概就是這個模樣。在準備走進仙境裡的時候，探險隊長Brandon說：「盡量不要走在沙灘上、往山坡上走，看起來永恆的風景，其實變化快速。」我當時不懂他的意思，因為眼前的風

光、就是一張晾在藍天白雲下的明信片、是不會有任何風險的美麗。越往上爬心臟跳得越快，每一個踏步就多看到一分港灣的角度、那種漂亮是美到讓人頭皮發麻、讓人亢奮的激動。

爬到至高點、躺臥在白得純淨、藍得深邃的港灣前，眼前的冰河是遼闊的白色沙漠，風，揚起遠方的冰沙。同行的友人Diana被景象迷得發癡地說：「登岸的時候，我連拿相機都懶，因為眼前的風景是相機裝不進去的，我只想坐下來睜大眼睛看。」我們呆望著這個不知何年何月才能再見到的景致。突然，轟隆一聲有如煙火爆開的聲音傳來，眼前的冰河前緣剝落一塊，墜入到海中的衝擊力道掀起一陣巨浪，浪拍打在沙灘上，企鵝們紛紛被捲入海裡。剎那間，我才明瞭Brandon所提醒的不要離海邊太近。冰河巨響帶來的漣漪持續了十五分鐘才慢慢的平息，海灣又重回平靜，一切就像什麼都沒發生過。探險隊的成員有感而發的說：「好好珍惜眼前的冰河景色，南極有250條冰河、有八成在消退，若南極的冰全部融化，海平面會上升75公尺。」我無法想像海平面上升75公尺是什麼樣的世界，但在那一刻，我只想好好的靜坐在大冰河前、呼吸著冰涼的空氣、任憑強烈的紫外線侵蝕皮膚，就算曬傷或受凍都甘願。當我被上升75公尺的海洋吞噬時，我會記得眼前的冰風景。

任性且狂妄的風

風和日麗的南極風景有如天堂，就如同半島上知名景點「天堂灣」（Paradise Harbor）的名字。但多半的時候，南極的氣候就像探險家的筆記一樣，充滿了變數，有超級的風暴、不按牌理出牌的海流，他就是因為不羈，才讓人神往。南極，又被稱為風極，造訪過南極的旅人，更能體會「風」「景」這個詞彙的意

義。對這種依賴海上航行的旅程，風向、風速決定了旅程的一切，謝克頓的堅忍號之旅，因為風向耽誤了數月的行程。在我們的南極之旅期間，有時候陽光燦爛，但海面上白浪滔滔，探險船根本無法靠近港灣、下錨，橡皮艇也無法在巨浪中乘風破浪抵達登岸點，旅人只能站在甲板上、望著岸邊的十幾萬隻企鵝興嘆，懊惱著昨天入睡前只跟老天爺祈求給我一個藍天白雲的好天氣，忘了強調要風和日麗。

南極的風，很狂，狂妄到有壓倒性的危險。地質學家普利斯特雷在《南極冒險》寫道：「每次風一稍停，我就朝風摔倒；而每次大風吹來，我又被風穿彎，有十幾次，我被風颳得站不住腳，撲向地面，甚至撞到堅硬的石頭。」我曾經覺得他的描寫太誇張，但當自己實際經歷過，才明白被風打趴在地面的痛。

2010年的南極夏末，我們的船很驚險的在米肯森港（Mikkenson Harbor）登岸，為了看企鵝群必須翻過一個小小的山頭。通常這種小土丘約十分鐘的腳程就可以走到另一端，但那天早上風大得可以把人壓倒，踩在雪地裡、一步一腳印的往上爬、還要承受風的壓力，小土丘的旅程變成跋山越嶺的難度，有的同伴索性蹲下或撲倒，想等強風過了再繼續行動。但風像是發了狂般永無止盡的吹，毫無終點、也沒有疲憊的姿態，它的力道打得我舉步維艱。那次登岸，我幾乎都是以背部迎風或是躲在友人身旁，希望更多的阻力讓我不至於跌落山谷。然而最後還是被風撲倒，只能趴著一步一步匍匐前進、謙卑的接受大自然的力量。

到不了的南極

多年來，我以為我已見識到南極各式各樣的「冰」、

「風」、「景」，但這塊神奇大陸，總是有讓人意想不到的事情會發生。南極的旅程充滿驚奇與不可控制，就算我們在探險設備精良的時代，也無法控制翻上來的浪、恣意竄流的浮冰。南極的各種風景我都甘願接受，只是我從沒想過，一趟南冰洋的航行也是有可能無法登岸、到不了南極大陸。

2010年在南極的船上，遇見英國夫婦黛安娜和史都華，當船剛離開烏蘇懷亞碼頭時，他們兩人興奮得大叫大跳，黛安娜說：「這是我們第三次參加這個行程，卻是第一次如此順利的出航。」他們連續三年從倫敦飛到阿根廷再奔赴世界盡頭的港口烏蘇懷亞、前進南極，2007年遭逢Explore II事件、船班大亂，他們被搞到沒有機會登船；次年，他們再次造訪南極，黛安娜說：「那一回更妙，船只走了一天就因為天氣太糟而折返，所以是德瑞克海峽一日遊，我們只好無奈的飛回倫敦。」2010年3月，他們終於如願以償登上南極大陸，行程快結束的告別派對上，黛安娜開心得猛灌酒、開懷跳舞，甚至把歷史學家衣服扯掉。她的南極夢走得太辛苦，需要大醉一場才夠。

我以為黛安娜的遭遇是特例，畢竟這十年來，天氣再怎麼不好，我都有抵達南極大陸，只是有時候風景陰鬱得讓人不想掏出相機。但2018年10月的南極之旅，在造訪南喬治亞和福克蘭群島後，我們的船遇到了超級風暴，浪很大、風很狂，我們緩慢的頂著風往南極靠近，當船駛達西瓦海灣（Cierva Cove）時，探險隊長廣播：「前面50公尺的那片大陸就是南極了！」我興奮得在甲板上觀看，雖然天色不佳、雲很低，但灰灰白白的蒼茫感對我仍有吸引力。每年年底踏上南極大陸，幾乎就是我這十年來固定的儀式，彷彿一整年紛飛的思緒都可以在這塊寂靜大陸上沉澱。

正當我準備回房間穿雨褲、披防寒衣、下船登上南極土地時，探險隊長廣播：「由於風浪實在太大了，我們無法搭橡皮艇

布朗崖（Brwon Bluff ）
海冰上的阿德利企鵝。

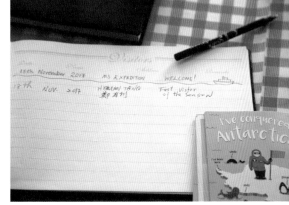

登岸，之後幾天風暴會越來越大，為了安全，我們現在就要回航。」酒保端來了香檳，要慶祝我們「抵達」南極。這是我第一次拒絕喝酒，在經緯度上我們是抵達南極，但並沒有登上南極、踩踏南極大陸。在甲板上望著南極大陸，他是那麼近，可是又不可親，我多麼渴望可以在冰上摔倒，痛快的感受從南極大地地心竄上來的冰與痛。當船往回開的時候，不禁感傷下一回抵達南極大陸不知何年何月？同行的旅人陷入集體沮喪，畢竟來一趟南極，時間和金錢都不是容易的事，有多少人有「下一次」的機會再從事一次南極之旅。

　　頓時明白，十年前黛安娜和史都華為何每天都帶著慶祝的心情悠遊南極，因為過去兩次旅行的失敗，讓他們珍惜每一天，能登上南極大陸真的是得來不易。但也是2018年登陸的失敗，我終於明白過去庫克、謝克頓必須回頭的心情，尤其謝克頓已經抵達南緯88度，就快到達南極點了，但天候就是不允許他再往南行。不管是數百年前或是此刻，南極依然是一切看天意的旅程，他的百變風景，只有企鵝可以概括承受。人類，在白色南國面前，只能臣服於他，在這裡發生的喜怒哀樂、登岸或不能登岸，全都是南極的風景。

　　就算企鵝已經是「適合」生存在南極的物種，經歷過冬之旅的薛瑞在見識過帝王企鵝艱苦的棲地後，寫著：「大自然是不肯通融的保母。」這句話，一直在我的歷次南極旅程中迴盪著。

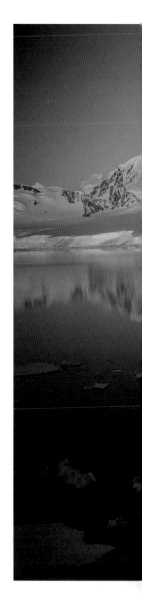

南極大陸資訊

南極大陸的面積為1420萬平方公里，占地球陸地面積的十分之一，其面積比澳洲的面積還大，在世界七大洲排名第五，相當388個台灣。南極大陸95% 為冰雪覆蓋，所以被稱為白色大陸。這塊大地的平均海拔2350公尺，為世界大陸之最。南極大陸的年平均溫為零下25度（沿海地區年均溫零下17-20度、內陸年平均溫零下40-50度），1983年曾觀測到零下89.2度的超低溫。目前南極大陸除了研究站的工作人員，沒有常居的人口。

漫遊南極半島Antarctic Peninsula

多數旅人見識到的南極大陸風景是南極半島，因為這是比較容易抵達的南極區塊。但能不能抵達還是要看天候與海況，所以旅人無法預期這些地點都會抵達。

＊拉可羅港Port Lockroy

拉可羅港是南極半島上超人氣的景點，這裡有整趟行程裡少有的商業活動：買郵票、寄明信片、採購紀念品。拉可羅設有一個英國的郵局，許多人的南極明信片都是在此處寄出。和郵局相連的紀念品店販售T恤、毛衣、外套、杯盤、月曆等和南極有關的商品。儘管多數都是中國製造，但因為物品上面的企鵝圖像或是南極風光，很容易讓人失心瘋的大採買。

在這個基地可以看到尖圖企鵝、藍眼鸕鶿等動物，遊客在動物觀察之餘還可到布蘭斯菲爾德之家（Bransfiedl House）參觀，這棟房子展示了1950年代在此基地的生活樣貌，由所陳列的各式各樣罐頭食物可以想像當時研究人員的簡樸生活。

＊尼可港Neko Harbor

位在安沃爾灣（Andvord Bay）的尼可港呈現典型的南極地景，此處可以看到壯觀的冰河，冰河崩落的碎冰漂流在灣澳裡，有如閃耀的繁星。在如此夢幻的場景裡還有一棟由阿根廷政府負責維護的救難小木屋，旅人在此除了可以看冰河地形，也可以近距離觀察尖圖企鵝的棲地。

＊庫佛維爾島Cuverville Island

庫佛維爾島是南極半島上最大的尖圖企鵝棲地，因此也被國際鳥盟（Bird Life Ineternational）列為重點鳥區。在這裡除了可以觀察尖圖企鵝的生態，還可以看到南方大海燕與藍眼鸕鶿。

科學家對這些企鵝在很高的岩石上築巢感到好奇，納悶為何牠們不在距海岸近一點的地方築巢，這樣企鵝就不用辛苦的爬上爬下往返於海洋與巢穴。根據生態學家的分析，11月初靠海的地方都還是厚厚的雪，不是築巢的好地方，所以企鵝只好往高處岩石比較裸露的地方築巢。

＊天堂灣Paradise Harbor

通常探險公司會分成兩組在天堂灣活動，一組登岸，一組搭橡皮艇進入內灣遊覽。搭橡皮艇出航時，沿著海岸前行，可看到岸上鮮豔的智利工作站。海岸邊有尖圖企鵝，有些在岸上有些在冰上、有些則往很陡的山坡移動。天堂灣的海面像鏡子一樣，山壁上有很多藍眼鸕鶿，鳥巢就在岩壁上，有些鳥還叼著石頭築巢。灣內可看到冰山的倒影，往深處航行即是冰河。

＊彼德曼島 Peterman Island

彼德曼島呈三角形，最長的一側約有2公里，有一個小山峰，海拔133公尺，是島上最高點，德國人達曼（Dallmann）在1873年至1874年的南極探險中，第一次記錄到這個島嶼，並且以德國地理學家彼德曼為名。1909年2月，法國探險家夏古（Jean Charcot）在此過冬，那個年代在南極過冬是重大的探險進程。

彼德曼島上有一個阿根廷人建立的避難小屋，提供科學人員避難與棲身之用，如果研究人員多，會看到幾頂黃色的帳篷。科學家說這個島的尖圖企鵝數量增加但阿德利企鵝卻減少了，最可能的原因之一是氣候暖化，逼得喜歡寒冷氣候的阿德利企鵝往南遷徙。

船在抵達彼德曼島前會經過利馬水道，水道長11公里、寬約1600公尺，最狹窄處只有800公尺，船長必須很小心的避開狹窄水道中的浮冰，穿越的過程可欣賞冰山、冰河等多變的景色，此水道被譽為南極半島最美的水道。

威德海 Weddell Sea

威德海常被稱為冰山工廠，海面上可以看到白色、藍色、藍綠色的冰山，是自然界渾然天成的雕塑品。這些冰山是從拉森冰架（Larsen）、羅尼（Ronne）和菲里赫尼爾（Filchner）冰架生成，當船航行至此，一方面讚嘆冰山之美，一方面也要警覺於海象的複雜。過去有十餘艘船在此被冰壓碎、沉沒，最具代表性的就是謝克頓的「堅忍號」。

由於威德海這個區域冰況很不穩定，南極的旅遊船是否能進入威德海的變數很大，曾有船隻進入威德海之後被冰困了四、五天。布朗崖（Brown Bluff）是進入威德海最熱門的登岸點，這裡約有2萬對的阿德利企鵝和少數的尖圖企鵝。此外，附近冰山多，可以看到覓食中的企鵝躍上冰山休息的畫面。

波列島（Paulet Island）則是威德海重要的鳥類保護區，同時保有1903年瑞典探險隊避難小屋遺跡，還有約10萬對的企鵝，也是雪鸌、皇家鸕鶿、海鷗的棲息地。由於這裡是火山遺跡，到處是火山石與火山灰，此地也受地熱影響，因此冬天的冰雪很早就融化，吸引各種動物到此繁殖。

威德海最著名的生態景觀就是帝王企鵝（Emperor Penguin），目前有四千對的帝王企鵝在威德海的雪丘島，是南極企鵝迷的朝聖地點，必須以破冰船佐以直升機才能抵達企鵝的棲地。

跟著謝克頓的冰海歷險
看見南喬治亞

Ernest Henry Shackleton

　　說到科學發現我想到史考特；說到旅行速度和效率，我想到阿蒙森；但是當災難來臨，所有希望破滅，我跪下來祈求謝克頓能來到我身邊。

——普利斯雷特爵士（南極探險和地質學家）

　　我掃過最冰冷的墓是在南極，那個墓園飄著威士忌的味道。

　　「我只想到謝克頓的墳前，向他舉杯、跟他一起喝下威士忌」從英國來的史都華感性的說。為了站在謝克頓的墳前，史都華和妻子黛安娜已經來南極三次了，前兩次都沒有成功抵達南極，這一回終於如願跟著謝克頓的腳步來到南極。史都華對謝克頓的著迷讓我有點不解，沒想到竟然有人專程來南極掃墓。

南極探險史上的奇蹟人物

　　誰是謝克頓（Ernest Henry Shackleton）？對大部分的旅人來說，南極代表的是空靈的世界、壯觀的冰河、可愛的企鵝、美麗的冰山，但在南極還沒變成旅遊的目的地前，他是一個未知的大陸，豐富的探險故事在這裡發生，因為探險家一次又一次的探索，才慢慢揭露南極的面貌。

　　二十世紀初英國發動了好幾次南極探險考察，謝克頓是多次南極考察的關鍵人物。1902年他跟史考特和威爾森（Edward A. Wilson）搭著「發現號」前往南極；1909年謝克頓抵達了南緯88度23分，是當時人類史上最靠近南極點的一次。他的南極夢越來越大，冒險的雄心壯志讓他決定踏上橫越南極大陸的旅程、想為英國創下人類史上第一遭徒步橫越南極的紀錄。1914年8月8日，謝克頓帶著28名船員從英國普利茅斯港出發，搭著「堅忍號」（Endurance）經布宜諾斯艾利斯、南喬治亞前往威德海，但進入威德海之後，「堅忍號」就碰上了綿延1100公里的浮冰群，幾乎無法航行。

　　困在浮冰之間的「堅忍號」必須破冰前進，尤其最後400公里，每一塊浮冰長達一公里、厚約一公尺，像一垛垛的厚牆。勉強的穿越1100公里後，眼前又是被浮冰包圍、動彈不得，受困的「堅忍號」只好在浮冰間過冬，度過難捱的永夜，探險隊員們開始長達一年多的冰上求生記。隨著日積月累的浮冰推移、碰撞，「堅忍號」被折騰至變形，謝克頓決定棄船，所有人員與家當都搬遷到浮冰上。當時的船長沃斯利（Frank Worsley）在日記上寫著：「有史以來，一艘小船英勇奮戰了十個多月，雖然最後還是被摧毀，死在威德海浮冰包圍下，讓人不勝唏噓。」謝克頓的日記則寫著：「我們的生命被大自然所掌握，他用無情的力量嘲弄

謝克頓怒海求生的經歷
寫下南極探險史上驚奇
的一頁。

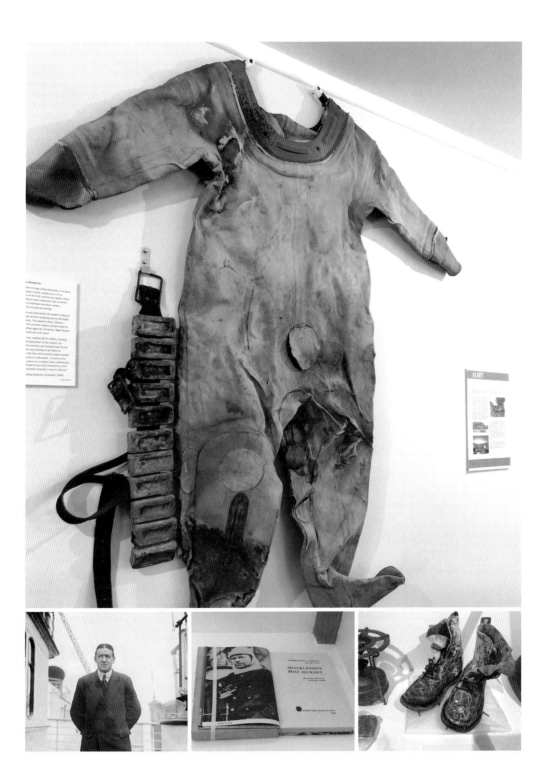

我們的渺小。」

　　探險隊將救生艇、雪橇、存糧搬至到浮冰上後，想靠著浮冰的漂流至外海，全員展開將近半年的冰上生活。隨著氣候變暖、浮冰破裂，謝克頓和團員們划著小船登上杳無人煙的象島（Elephant Island）。在海上生活16個月後，他們終於在象島踩到扎實的陸地。謝克頓誓言要將同伴一個都不能少的帶回英國，抵達象島後，他立刻號召五名探險員、用小船划了16天（計1300公里）抵達南喬治亞島的哈肯王灣（King Haakon Bay，今日必須行船3天至4天），然後走了36個小時的山路到史東尼斯捕鯨站（Stromness Whaling Station），於是1916年5月20日，海上歷險將近兩年，終於見到局外人。捕鯨站的工作人員都被謝克頓等人全身漆黑貌似野人的模樣嚇壞，立即通報捕鯨站經理。據說，當謝克頓跟經理說「我是謝克頓」時，經理與謝克頓相擁而泣。

　　當時的歐洲人幾乎已經對謝克頓和他的探險隊不抱任何希望，沒有人相信在失聯七百天後，謝克頓還活著。謝克頓告知捕鯨站象島仍有22名夥伴受困，為了營救探險隊員，南極海域動員多次救援行動，直到智利政府出借耶喬號（Yelcho）蒸氣船，才在8月30日救出困在象島的所有人員。

謝克頓之路的健行是南喬治亞旅遊的經典行程之一。

走一段謝克頓之路

　　關於謝克頓不可思議的故事，一次又一次在當代的南極旅程中被複誦著，他是船上南極探險史講座裡最讓人津津樂道的故事，每一個分享的歷史學家，都講得口沫橫飛，聽者無不流露崇拜的神情。謝克頓以堅強的意志力帶領船員通過考驗，冰海歷劫七百天全數獲救，全數活著回來的紀錄是南極探險史上讓人驚嘆的一頁，也因此謝克頓成了英國人的偶像，他代表著永不放棄、

謝克頓之路的最後一哩路，從山頂遠眺史東尼斯捕鯨站。

堅忍不拔、照顧同僚的精神。在某一趟的航行講座中，我聽到一個探險員說：「你知道嗎？當初謝克頓在招募堅忍號團員時，甄選會上竟然問對方：『你會不會唱歌？』最後那名會唱歌的人就上了船，跟著他一起勇闖南極！」

冰海歷險七百天，除了求生，更多的是如何安定軍心。「會不會唱歌」成了可以鼓動人心的力量，讓人在絕望時可以看到光芒。我瞬間理解何以史考特的最後南極探險要帶著一架鋼琴上船，再強悍的探險團隊，也需要娛樂、需要心靈的安慰。

謝克頓的待人之道讓我著迷，也想跟著他的腳步，感受他和夥伴們一起踩踏的風景。2010年3月的南極之旅，船公司安排「謝克頓最後一段救援之路」的健行旅程，從弗圖納灣（Fortuna Bay）走到史東尼斯捕鯨站，時間約要6小時。為了感受謝克頓所見的世界，我加入了這趟健行。當天天氣很差，我們一開始走過有很多毛海豹的草地，但過了小山坡後就是岩石地形。風雪很大，很多地方的確如謝克頓的紀錄所標示，有瀑布、湖泊、近乎垂直的山壁與陡峭的路徑，每到一個重要地標，船上的歷史學家Phil就會拿起書來，唸一段謝克頓的敘述。我們躲在山上一個小小的石塊後避風，Phil認真的朗讀，眼前的風雪與蒼茫有如回到謝克頓穿越的場景。

我的體力不是很好，老是走在後頭，雪粒夾著風速不斷颳著我的臉龐，還沒感覺痛就已被凍到麻木，雖然穿了很多衣服但仍覺得冷到骨頭打顫，腳底的寒氣猛往上竄，明明已經穿了兩雙襪子也無法抵擋來自地心的冷。終於走到制高點，看到遠處史東尼斯捕鯨站在大雪中的模樣，我們搭乘的Ocean Nova就在迷茫的港灣中。當年謝克頓等人是在山上聽到船的汽笛聲才確定已靠近人煙、確認有得救的希望。當我瞄到我們的船時，也鬆了一口氣，有得救的篤定。

史東尼斯捕鯨站。

謝克頓之路健行的起
點,是毛海豹棲息地。

從山上走到港灣還有一段陡坡以及開闊的草原，走到草原時，每個人都精疲力竭，兩旁則是不問人間事的毛海豹與尖圖企鵝。當接近已經廢棄的捕鯨站時，Phil說：「謝克頓健行時，若風往山上吹，他一路一定聞著捕鯨站的腥味與屍臭味。」不管怎麼臭，那都是生命的味道，讓人振奮。

到南極最出名的墓園上香

謝克頓的墓在南喬治亞的格利特維根（Grytiviken），南喬治亞是英國的領土，格利特維根因為謝克頓的墳墓在此，成了南極旅遊的熱門地，在墳墓附近還有一個教堂、郵局、博物館，以及英國研究站。教堂前方是規模龐大的廢棄捕鯨站，死亡的氣息濃烈。夏天（11月到3月）時這個港灣「上香」的遊客不少，研究站的負責人羅伯特幽默的說：「靠遊客在這裡買郵票、買紀念品，讓我們研究站賺了不少外快，感謝謝克頓！」

我們走到謝克頓的墓前，他靜靜的躺在這裡，頭朝向他鍾愛的南方，英國人唸著「堅忍號」歷險記的筆記，召喚謝克頓的靈魂，我則是不斷哆嗦，雪地墓園的寒氣一陣又一陣的從雨鞋底竄了上來，好冷，腳趾已經凍僵、無法移動。探險隊長默唸著祝禱詞，我則是滿心疑惑的問謝克頓：你躺在這裡，不冷嗎？

同行的旅人紛紛舉杯向謝克頓致敬，然後把半杯酒倒在墳前、半杯一飲而盡。墓園飄著威士忌的氣味，而且是愛爾蘭威士忌，因為謝克頓是愛爾蘭人（當時愛爾蘭仍是英國的一部分）。我想起十年前在狂風中遊歷愛爾蘭的經驗，那兒的風不輸南極，怪不得謝克頓能習慣犀利到扎骨的風、能長眠於此。

如同謝克頓在「堅忍號」探險日記寫著：「我們的生命被大自然所掌握，他用無情的力量嘲弄我們的渺小。」大自然終究掌

To the dear
Memory of
ERNEST HENRY
SHACKLETON
Explorer

Born
15th Feb. 1874
Entered Life Eternal
5th Jan. 1922

控謝克頓的人生，他的最後一次南極探險是1921年，1922年他就因心臟病死在南極的海域上。

以探險家為名號的威士忌

自2010年以酒水為謝克頓上香後，之後每一年，只要有到南喬治亞的格利特維根，我都會帶著威士忌走進墓園跟他敘舊。去南極的次數越多，其實對大自然越是敬畏，謝克頓在經歷「堅忍號」的冒險後，還繼續對南極大陸懷抱巨大的熱情，一次又一次的探索、挑戰自己的極限。每每想來，都覺得不可思議，就算我飲下數杯威士忌壯膽，也不敢離開南極旅人的舒適圈一公分。站在他的墳前，可以強烈感應夢想的勇氣與實踐的力量。

2018年的南極之旅，再次進了墓園，謝克頓的墓碑安靜地立著，墓前有幾朵凍僵的玫瑰花。墓園旁的展示館和禮品店都變大了，禮品店裡還有以謝克頓為名的蘇格蘭威士忌。我身旁的荷蘭人幽幽的說：「謝克頓算是愛爾蘭人吧，應該是愛爾蘭酒廠來談合作吧！」另一個法國人則說：「不過他很小就搬去倫敦，英國給了他探險的舞台，只是沒想到南極探險家也可以商品化。」南極大陸的地圖印在酒標上，南極半島的線條像是一條飛揚的彩帶，在廣告世界裡的南極，是否過於夢幻柔美，少了風颳過臉龐的刺痛、乾燥環境讓指縫崩裂流血的真實。

我走進簡樸的教堂，遇見來自蘇格蘭的工作人員Fydek，他也是因為對極地的著迷而來到南喬治亞。他說：「其實南喬治亞很綠，會有花草，有時候其實還蠻像蘇格蘭某些地方的地貌。」他帶我到教堂祭壇旁的一個邊間，沒想到竟然是圖書室，裡頭的藏書有點年紀，除了各種版本的聖經外，收藏許多小說和羅曼史。「過去在這個海域捕鯨或是做研究的人，把閱讀當作最佳的

消遣，因此這裡的書主要是通俗的大眾文學。」Fydek說。他是一個20歲出頭的年輕人，因為生物專業而來到此地，進行物種的調查。過去的探險者著迷的是地理大發現，現在的研究者專注的是物種的保存、環境的維護。

可笑的是，物種的破壞與環境的走樣其實都來自人類，不管是探險家還是捕鯨船、捕海豹產業，帶來的歐陸病毒、甚至鼠患，在這個被譽為人間仙境的群島造成了生態浩劫。沒有天敵的老鼠，在南喬治亞吃了鳥類的蛋、破壞植物，把許多鳥種逼到幾乎滅絕。英國政府花了十年、耗資四億才將老鼠全數殲滅，2018年十月我造訪時，南喬治亞慶祝滅鼠計畫成功，消失已久的南喬治亞鷚回來了。

為了永續的保護生態，南喬治亞的旅客生物檢查非常嚴格，所有要登岸的人員在船上必須把衣服、褲子、帽子、手套等會穿著上岸的裝備全部用吸塵器吸乾淨，上岸要穿的那雙鞋的鞋底隙縫間的土壤沙石也要挖出來、務必清理到沒有任何有機物質沾黏在上頭。Fydek指出，嚴謹的服裝鞋子檢查雖然造成旅人的不方便，但小小的不方便卻可以確保南喬治亞的生機，若是我們不以嚴肅的態度面對環境，每天來來往往的旅人將成為傳播的媒介，一粒沙、一顆種子都會吞噬南喬治亞原本的環境面貌。

南喬治亞許多登岸點困難度很高。

象島──探險精神的堡壘

和Fydek告別後，我們的船往南極半島行駛，當時海象不佳，南冰洋的海一片灰黑且猛烈的翻滾，天空的雲壓得很低很低，我們彷彿要駛近一片厚厚的迷霧，坐在甲板上看浪的我，不曉得船要把自己拋向何處，就在昏昏沉沉又手足無措時，探險隊長廣播：「左手邊的陸地是象島，1916年謝克頓堅忍號的隊員們

象島上的帕多船長雕像。

就是在此等待救援。這裡的風浪太大，我們無法登岸，但大家可以來甲板、透過望遠鏡看到岸邊有一尊智利耶喬號（Yelcho）船長帕多（Pilot Loui Pardo Villalon）的雕像，就是他開船把所有的人救回來。」

在搖晃的船上，透過望遠鏡看到帕多的雕像，忽遠忽近。對百年前的「堅忍號」探險隊員來說，帕多無疑是救星，同船的夥伴感動的說：「好希望天氣好一點，讓我們可以下船、登岸，我也好想跟帕多船長致敬。」從謝克頓的墓到帕多的雕像，我們在荒涼的海域見識偉大的靈魂。雕像旁是頰帶企鵝的棲地，天真的企鵝搖搖擺擺，絲毫不在意這裡曾經發生過的怒海求生。

風強浪高，是象島的日常，對企鵝來說，這是天經地義的尋常時光。但還是有那麼幾天，我僥倖的碰上好天氣，甚至幸運地登上象島……

2011年1月的南極之旅，有幸可以在象島周邊用橡皮艇航行，開小艇的探險員突然對我說：「我讓你們登上象島有馬卡羅尼企鵝（Macaroni Penguin）的地方，但是五分鐘之後一定要回來。」他把小艇頂住礁岩，我跳下去並且拉緊船首，讓同行者一一下船，我們用很短的時間觀察馬卡羅尼企鵝的棲地，然後大家趕緊走回沿岸、準備登船。但當時浪況變差，橡皮艇劇烈搖晃讓人不易找到支撐點，有些朋友腳才跨到船緣，船就被浪推走，海浪一波一波的襲來，上船變得費勁又冒險，焦急的友人突然很擔心上不了船、害怕要體驗「堅忍號」滯留象島的經歷。還好最後大家都平安登船，每個人一臉驚恐、心有餘悸。才僅僅五分鐘的差距，海況就完全改變。

2012年的年底，我又有一次機會親近象島。當時海況不錯，我們在象島威爾德角附近搭乘橡皮艇巡遊，探險隊長用無線電通知所有的橡皮艇駕駛員，要讓大家踩上威爾德角拍照。旅人們興

象島環境惡劣，海況很差，要下小艇很難，登島更難。

奮的上岸拍團體照，畢竟能登上象島是很不簡單的事，甚至讓人感到虛榮。我當時才分外明白，象島對於著迷南極探險史、神往南極冒險精神的旅人來說，是多麼巨大的精神堡壘，謝克頓的故事讓這個世界盡頭的島嶼充滿傳奇與希望。當代南極探險隊員們都會想要靠近它、親近它，因為象島代表了求生的勇氣，代表了謝克頓對所有夥伴的承諾與責任，它是探險史上最光榮的存活印記。

　　大探險的時代結束了，關於地球，已經無險可以探，只有不同旅行經驗的交錯。二十一世紀的南極，沒有太多的冒險故事，只有一個比一個奢華的旅程。當下旅人所見識的南極風貌，是不可思議的極地美景、是被妥善照顧的郵輪時光。但是曾經翻攪過「堅忍號」的浪並沒有變、曾經把謝克頓等人逼進絕境的風也沒有變，站在謝克頓的墳前、行經象島海域，格外能感受人類與天搏鬥的意志力。只是，人類終究是輸家，就算輸，這些探險家也是美麗的失敗者。

南喬治亞檔案

南喬治亞（South Georgia）是英國在大西洋南部的海外屬地，面積約為3592平方公里，位於南緯53.58度到54.53度，相對於北半球的緯度則和英格蘭北邊緯度相當。南喬治亞距離阿根廷烏蘇懷亞約2150公里，距離福克蘭群島則為1390公里。島上最高的山脈是帕吉特山（Mount Paget），海拔2934公尺。南喬治亞的夏天（11月至翌年1月）可看到綠地、雪山、冰河，色彩豐富的地貌與生態，被譽為南極海域的天堂。目前南喬治亞的環境保育由南喬治亞信託（South Georgia Heritage Trust，簡稱SGHT）結合多方專業共同進行，詳情可上網：www.sght.org。

耗資四億的南喬治亞滅鼠計畫

2010年3月2日我第一次前往南喬治亞島的行政中心格利特維根（Grytviken），當時駐站的工作人員焦慮於島上鼠患嚴重。自從兩百年前庫克船長登岸後，一批批的探險家與捕鯨人紛紛來到南喬治亞島，他們無心地將老鼠隨船帶來。老鼠吃掉許多鳥類的蛋和雛鳥，導致兩百年下來，南喬治亞的鳥類，除了企鵝外，其他物種少了90%。尤其原本島上代表性的鳥種南喬治亞針尾鴨（South Georgia Pintail）與南喬治亞鷚（South Georgia Pipit）更瀕臨絕種。

鼠患對南喬治亞的生態造成強大威脅，主責南喬治亞保育的南喬治亞信託，自2011年起請有經驗的紐西蘭滅鼠專家開始在南喬治亞執行滅鼠計畫。滅鼠團隊利用直升機在全島空投已被證實對環境危害最輕微的滅鼠藥（Brodifacoum）。

自從初次邂逅南喬治亞後，每年我都會造訪至少一趟，滅鼠進度是島上工作人員一定會跟旅人分享的話題，同時會發放贊助表單，希望來南喬治亞的旅人可以捐一點錢，協助滅鼠計畫。有一年，和我同行的台灣友人立刻捐了台幣一百萬，希望能讓這個天堂小島恢復昔日的生態，而非滅種之島。

2017年10月底，當我在南喬治亞進行生態觀察時，同行的探險員提醒我聽遠方的鳥叫聲，他興奮地說：「南喬治亞鷚回來了！」我造訪南極二十次，終於聽到傳說中唱歌很好聽的南喬治亞鷚的聲音，那是重生的聲響。島上的工作人員興奮的分享近日觀察到南喬治亞鷚的機率越來越高、南喬治亞針尾鴨的數量也穩定成長，南喬治亞的滅鼠計畫看來奏效了。

2018年5月8日南喬治亞信託在倫敦正式宣布：南喬治亞老鼠全數消滅，鳥類的復育速度加快。耗時十年的滅鼠行動總共空投了約300公噸的滅鼠藥，花費約台幣4.1億。

南喬治亞焦點

＊薩里斯貝里平原 Salisbury Plain

此處是造訪國王企鵝的經典景點，夏季計有6萬對國王企鵝在此孵育寶寶。薩里斯貝里平原位於南喬治亞島北岸，處於盧卡斯冰河和格魯斯冰河之間，為群山環繞的盆地。此處也可以看到毛海豹。

＊聖安德魯斯灣 St. Andrews Bay

聖安德魯灣由海尼冰河（Heany）、庫克冰河（Cook）、巴克斯頓冰河（Buxton）圍繞，是世界上主要的國王企鵝棲息地之一，夏季有15萬對國王企鵝在此。

黃金港。

薩里斯貝里平原。

聖安德魯斯灣。

＊黃金港 Gold Harbor

位在靠南喬治亞的南端，可看到國王企鵝的棲息地在峽灣之間。此處還可以觀察象海豹、尖圖企鵝、淡黑背信天翁、大海燕、南喬治亞島鷚。

＊格利特維根 Grytviken

英國在南喬治亞研究人員的主要駐點。1904年挪威船長拉森（Carl Anton Larsen）在此建立了捕鯨站，使此處成為南冰洋重要的捕鯨站，目前可以看到捕鯨業繁盛時留下的許多機具、廠房等遺跡。在格利特維根有教堂和南喬治亞博物館，旅人可在這裡的郵局購買郵票，選購明信片寄給親友，亦有紀念品販賣。對南極迷來說，來格利特維根最重要的目的就是走訪謝克頓的墓園，向他致敬。此地的墓園埋葬多名捕鯨者。

＊史東尼斯灣 Stromness Bay

為過去重要的捕鯨地點，史東尼斯灣的捕鯨活動始於1907年，目前還可看到和捕鯨業相關的建築和機具，雖已腐朽但卻記錄了一個產業的痕跡。史東尼斯灣是謝克頓獲救之處，旅人可從灣澳走到瀑布，感受一小段謝克頓當時的求救路線

黃金港。

庫柏灣（Cooper Bay）的
馬卡羅尼企鵝。

格利特維根。

格利特維根。

史考特與阿蒙森的痛點
南極點

Robert Falcon Scott
vs.
Roald Amundsen

我必須承認並坦率地說，此刻世界上也許沒有人跟我的夢想一樣有如此大的反差。北極地區——是的，北極——自小便吸引著我，而此刻我卻在南極，你能想到比這更顛倒的事情嗎？
——阿蒙森《南極探險記》

對造訪南極多次的人來說，前進南極點（The South Pole）是南極旅程的最後一塊拼圖，既然是最後一塊，反而會更謹慎、小心，不想讓它太快發生，心底會微微的擔憂，會不會到了世界最底端的最下面的那個點，南極緣分就終結了。不同於百年前的探險家，造訪南極點近乎是不歸路，現代人前往南極點相對容易，只要天氣狀況許可，肯花錢就到得了。但我不想那麼「簡單」的執行（其實也不簡單，要相當的財力與運氣），在讀了那麼多用命換來的南極點探險日誌後，更會想以自己的方式到達南緯90度，一個只能望向北方的純粹世界。

挪威探險家阿蒙森。

英國探險家史考特。

在準備前往南極點的時間裡（我可能要花一輩子準備），我的床頭一直放著阿蒙森的《南極探險記》（*The South Pole*）、史考特的《史考特的最後探險》（*Scott's Last Journey*）與薛瑞的《世界最險惡之旅》，他們的探險早就在一百多年前結束，留下來的文字卻讓我一讀再讀，在片片斷斷的字裡行間流露生存的動力、堅強的意志、甚至不得不面對的脆弱，這些在蒼茫大地間的各種情緒一再打動我。南極點只是地理上的一個點，但從過去到現在，吸引許多人花一輩子的力氣去追尋這個點。它可能是個人旅行史上的高點，也可能是痛點，在世界的盡頭，高潮與低潮、歡欣與痛苦全部凝結，各種紛雜的經歷調合為純潔而安靜的白。

1911年，人類第一次抵達南極點

南極探險史上有一張讓人心情複雜的照片，南極點上插了一面黑色的旗子，四個穿著厚裝的人凝視那面旗子。那是人類第一次抵達南極點的照片，1911年的12月14日，挪威探險家阿蒙森的團隊一路暢快地抵達南極點。但當抵達南極點、插下具歷史意義的旗子之後，阿蒙森卻在自己的探險日記上寫著：北極，自小便吸引著我，而此刻我卻在南極，你能想到比這更顛倒的事情嗎？

做為人類史上第一個抵達南極點的人，他卻覺得夢想顛倒。但當一個月後，英國探險家史考特的團隊抵達南極點，看到阿蒙森所插下的旗幟，瞬間夢想破滅，英國在南極探險史上獨領風騷的地位被打了巴掌。對英國人來說，他們一直保持南極探險的領先地位，謝克頓在1909年已經一路向南探索到了南緯88度、距離南極點只剩180公里，無奈因為天氣惡劣必須折返。英國人理所當然地認為自己的探險團隊絕對是人類史上第一個抵達南極點的隊伍，沒料到被更嫻熟於雪地探險的挪威人捷足先登。巨大的失

Addicted to Antarctica

Chapter 1

造訪南極點的旅人都會
在這地標誌前留影。
（攝影Lin Mei Hsiu）

望感無疑重挫史考特探險隊的意志，尤其在回程路上面臨險惡的氣候、匱乏的糧食等無盡的折磨，讀著《史考特的最後探險》簡直是目睹淒涼又悲壯的災難。

南極點的第二名卻是探險史上的典範

十年前，在南極船上的探險史講座聽到阿蒙森和史考特的南極點探險故事，當時單純的認為就是兩個國家隊在競技、像是一場闖關遊戲、誰先抵達誰就贏。挪威隊人強狗壯，英國隊則狀況連連，不是馬適應不良就是人墜入冰縫。若以結果論來看，難免疑惑為何那麼多人把史考特英雄化，他明明是一個極地探險的失敗者，但他的光環其實不亞於阿蒙森，甚至超越阿蒙森。

但後來再去南極，重讀了跟著史考特最後探險時光大半旅程的動物學家薛瑞的《世界最險惡的旅程》後，漸漸察覺，對英國隊來說，這不只是一場競技，最初英國隊並沒有帶著競賽的心情前往南極（因為英國一直認為他們一定是最先抵達的人，沒有對手）。在薛瑞的文字裡，有詳細的地貌的紀錄、生物觀察，他的旅程還包括在零下70度的南極冬季裡尋找帝王企鵝的蛋……所以這趟探險並非單純的只往南極點奔去。

因為旅程涉及科學研究，《世界最險惡的旅程》鉅細靡遺的寫下物品的數量、物資的重量，這些數據都成了後輩探險家重要的參考資料。書中還有多幅同行動物學家威爾森細緻的畫作，不管是寫生還是素描，威爾森的畫以精確聞名，畫作中太陽在45度角就是現實中太陽在45度角，不會以創作者的身分搬移太陽的位置，他的素描是英國這趟南極點考察最真實的筆記。威爾森一路作畫，陪著史考特抵達南極點，陪著失意的隊伍折返，樂觀的個性給同行者極大的鼓勵，儘管生命在折返的旅程終結，但他筆下

動物學家薛瑞也曾挑戰
南極點。（攝影Lin Mei
Hsiu）

的南極洋溢著生命力，是英國南極點考察最珍貴的資產。

　　相較於挪威隊心無旁騖的前往南極點，英國隊的任務龐大，所以要把這兩個探險家的成就放在同一個天平來論斷，其實是不公平的。史考特鉅細靡遺的探險筆記，提供了那個時代南極探險最忠實的面貌。阿蒙森拍下了南極點空無一物的樣貌，史考特則寫下了到達這荒蕪之地所付出的代價，探險史學者休・路易斯─瓊斯（Huw Lewis-Jones, 1980-）在《探險家們的寫生簿》（*Explorers' Sketchbooks*）寫道：「阿蒙森的成就毋庸置疑，證據就在這兒，出自這些不幸親眼目睹阿蒙森勝利人之手。用鉛筆潦草寫下的，是亡者對於敢冒險追隨他們的人所留下的訊息。」

　　不得不說史考特的悲劇旅程，增添了南極點的傳奇性。人們謳歌阿蒙森是抵達南極點的第一人，卻花更大的篇幅寫著對照組史考特的南極探險故事。史考特最終命喪在塑造其人生成就的南極，至於先抵達南極點的阿蒙森，最後是在他心心念念的北極往生。探險家最終回歸其一探再探的夢土。

當南極點成了旅遊點

　　過去的南極點探險是史詩，現在的南極點則成了旅遊商品，探險家們以生相許的極點以諸如「征服正90南極點奢華之旅15天250萬起」的字眼來販售，一切的辛苦、凍傷、雪盲、寂寞等驚天動地的經歷被美化成人生必須要征服的極點、簡化成天數與價格，招攬所謂金字塔頂端的消費者去見識地球之最。旅行社的網頁標榜著搭私人飛機、住在溫暖又奢華的帳篷，一張張優雅的照片呈現和「探險」截然不同的世界，阿蒙森或史考特曾經歷的世界簡直是平行時空。就旅行操作來說，只要觀光客會搭飛機，就可以「征服」南極點，目前的飛行路線是在智利蓬塔阿雷納斯或

奧斯陸極地博物館外展示挪威南極點探險隊成員的雕像。

南極點展示相關探險資料。(攝影Lin Mei Hsiu）

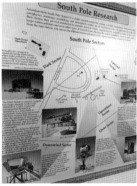

是南非開普敦搭上前往南極大陸的飛機，再轉機續飛5到7個小時，就可以抵達南極點。

不到一百字，就可以講完南極點的「行程」。就航線圖來看，真的是簡單的飛行路線，在燙金的行程說明書上，無法窺知南極大陸是地表海拔最高的大陸、無法感受南極的風有多狂、無法體驗那乾燥如沙漠的白色大地……一切的險惡都被「奢華」兩字重新包裝。這不是探險之旅，而是一趟領勳章的飛行，短短的兩個禮拜旅程，即可以踩在南極點、證明自己看遍了這個地球、抵達世界之極。

不過，南極畢竟是倔強的。儘管花台幣兩百多萬就可以一路飛過去，完成南極點的「壯遊」，但南極的風勢與氣候並沒有因為科技演變或旅行裝備的演進而變得隨和。當時阻撓史考特前行的風仍在、讓探險隊感到絕望的爛天氣也存在，飛機再怎麼克服交通障礙、縮短旅行時間，也無法解決氣候和大自然的挑戰。因此，打算搭飛機去南極點瞧一瞧的人，還是得面臨天候的考驗，班機取消是飛往南極航班的常態，至於停飛時間多久，完全都看天意，短則一天，長則整個禮拜。南極點，終究不是一件容易的事情。就算是億萬富翁，也無法花錢買風和日麗、確保旅程分分秒秒如你所願。

探險魂依舊召喚一代又一代的旅人

2018年11月，我在南極的船上，當時聽聞台灣由陳彥博、劉柏園、宥勝等人組的南極探險隊要出發了，而且要走1911年阿蒙森探險之路抵達南極點。我對這個隊伍很好奇，在高手如雲的探險隊裡有一個陌生女孩的名字——林語萱，她也是探險隊中的唯一女生。由於他們挑戰南極點的時間剛好我正在旅途中，貧乏的

2019年在松山文創園區的南極展中展出了台灣南極探險隊在南極的行走裝備，以及一路相隨的探險車四季號。

網路讓我無法追蹤台灣探險隊在當時面對的挑戰。當我回台灣後，鼓起勇氣約林語萱見面，很想知道以自己的體力前進南極點的台灣人是什麼模樣。

林語萱是一位還在念大學的政治系學生，和我私自以為的體育系背景或常年攀岩走壁的戶外型女孩不太一樣。外表安靜秀氣的她卻有豐富的極地經驗，她高中時在德國當交換學生，就到芬蘭參加狗拉雪橇滑雪300公里的活動。由於對極地環境的神往，當她得知橘子關懷基金會的南極點探險計畫時，立刻勇敢參加徵選，她說：「我沒想到我會被選上，因為其他人在體力上遠遠超過我。我後來猜想，主辦單位選我可能因為我看起來像一般人，如果我可以接受這樣的挑戰，一般人應該也可以。」她休學一學期加入南極點探險的行前集訓，那幾個月她跟著陳彥博等人攀登雪山、訓練體力和默契，還定期到河濱公園拖著沉重的輪胎跑步（因為在南極點的路途中她必須滑雪拖拉自己的裝備）。

然而，南極探險就是事情再怎麼縝密的規劃，最終都會出現變數。台灣南極探險隊在飛到南極聯合大冰川（Union Glacier Campo）後，因為和冰島探險公司的溝通出現問題，導致所攜帶的糧食無法供應探險隊原定從事滑雪600公里的食物需求，本來要沿著阿蒙森之路滑向南極，但因為食物不足，只好縮短滑雪時間、改變滑雪路線。一行人先搭乘裝備車向南，然後再從南緯87度滑雪至南緯90度，全長約300公里，總共花了17天走到南極點。

林語萱回想起南極的風依然心有餘悸，她說：「風就像刀子一樣利，沒有把臉包好就會被割出血來。」為了防寒保暖，身上的衣服一層又一層，保暖的同時卻也造成她上廁所的困擾。她無奈的說：「我是唯一的女生，上廁所很麻煩、也很花時間穿穿脫脫，所以我有幾天根本就不想上廁所，不想讓整個隊伍等我。」

2019年於松山文創園區南極展裡展示台灣探險隊的帳篷。

位於北緯83度的補給站。（攝影 Lin Mei Hsiu）

惠查威營地（Whichaway Camp）附近有很多工作站，是前往南極點與其他地方的重要基地營。（攝影 Lin Mei Hsiu）

攝水不足加上不上廁所，造成她身體嚴重水腫、危及安全，後來全隊逼她一定要喝足夠的水、一定要上廁所、不要擔心大家要等她，只有全隊安全健康，才能讓探險之路不斷往南推進。

兩個多禮拜在白色沙漠中滑行耗費極大的體力，林語萱每天都覺得體能透支，但停下來休息好好睡覺也不是件容易的事情。她表示，當要搭帳篷準備休息時，就是跟狂風挑戰的時刻，瘋狂的風再加上零下30度讓搭帳篷變成苦差事，帳篷的表面在風的幫襯下，以強勁的力道和她拉扯著，若沒有找隊友一起抓好，根本無法固定，甚至會被吹翻，她笑著說：「搭帳篷所花的力氣讓我寧可繼續走路，也不想搭帳篷。」

她的經歷不禁讓人想起《世界最險惡之旅》中所描述的探險日常。起床必須面對外表凍僵的睡袋，以及凍到拉不動的拉鍊，往往爬出睡袋就是一大折騰。想要泡一杯茶也不簡單，必須起火、融雪，整個過程耗力也耗時，薛瑞就說：「從起床到完全把自己打理好、可以出門考察都要花上兩至三個小時。」這般繁瑣的流程就是探險家的日常生活，薛瑞在探險期間還發生帳篷被風吹走的意外、他們為了找帳篷在惡劣的天氣和險象環生的地形中飽受折磨。在百年前的南極探險家日記裡，每一天都是生存的挑戰、身邊的每一個物品都是為了活命而存在。當代的探險家，雖然裝備比較精良輕巧，但面對的是同樣的自然環境。林語萱謙虛的說：「和世界各地的探險隊比起來，我們真的相對舒服，我們在旅途中碰到幾個隻身拉著自己裝備、不靠任何外在動力（風帆或是其他機械動力），一路滑雪到南極點的人，那些人的心智和毅力更無法想像。」

南極點的地標。（攝影
Lin Mei Hsiu)

林語萱在前進南極點的
路上寫著詳盡的日記。

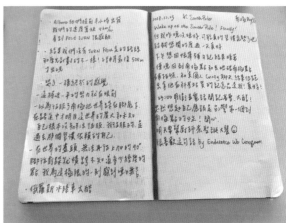

南極探險沒有盡頭

與她相遇的包括美國探險家柯林，當時他正在進行單人橫越南極的挑戰，他一個人拉著136公斤的雪橇，有時候頂著零下80度的低溫，從太平洋的羅斯冰棚穿過南極點走到大西洋，2018年12月26日，他完成了這項挑戰，總共費時54天、行走1497公里，是世界上第一個隻身、不靠任何輔助橫越南極大陸的人。台灣探險隊和柯林匆匆交會，在這個34歲的美國青年身上感受到永不妥協的勇氣。十年前，他們眼前這名美國青年在泰國龜島旅行，不幸被火燒傷、身體有四分之一為二級到三級燙傷。當時在泰國緊急手術時，醫生宣告柯林再也不能走路……但此刻，他早已脫離火海，勇健的踏上冰原。

南極，不斷挑逗人探險的慾望，就算抵達南極點似乎還不夠。柯林創下世界紀錄後，並沒有結束南極的探索，2019年12月，他與一群同好從智利蓬塔阿雷納斯出發，划船穿越德瑞克海峽、抵達南極，他說，這回他要好好感受南極海域、欣賞南極的海岸線。

我也會再次前進南極，終有一天，會抵達南極點。儘管已經看了南極點的相關照片數百次：一排掛著各國國旗的旗竿、每個人都會入鏡留影的地理地標、阿蒙森史考特研究站硬梆梆的建築外觀……我已知在那個點可能會看見的景致，但還是想親身站在那裡、面向北方。過去的探險家，以插下旗子作為自己探險生涯的里程碑；現在的旅人則在已知的地理疆界，從事不同的探險，不管是體力上的挑戰還是形式上的超越，雖然沒有地理大發現，但自我的探索源源不絕、驅使探險魂往這個點逼近。南極點，是地理上的一個點，也是召喚一次又一次南極旅程的核心動力。

南極內陸相當荒涼。

2019年的松山文創園區
南極展,展出台灣探險
隊在南極的補給食物。
(攝影Lin Mei Hsiu)

生活在南冰洋的
驕傲與哀愁

Modern Explorers

當心中依然強烈的存著大膽旅行的渴望，那麼它能帶給我們的最終獎賞，或許就是視角的改變——這也是所有真正的探險都會帶來的。

——休‧路易斯—瓊斯《探險家們的寫生簿》

曾經，南極探險隊員是讓人覺得高高在上、遙不可攀的職業。十年前，我在南極的船上，遇到的探險隊員不是海洋學家就是地理學家，要不就是海上獨木舟高手，每個人似乎都有被刊登在《國家地理雜誌》上的過去。和他們對談有如感受超凡人類的智慧傳遞，輕輕吐出「磁極」、「氯氟烴」等字眼都非我輩在俗世載浮載沉的語言。

當時，開往南極的觀光船還不多，船公司是和過去經營南極科學考察有關的單位，連船體本身都是為了過往的研究調查用途設計，一登船就有要去南極「探險」的氣氛，每個房間長得像學

校宿舍，設備基本，但溫馨。在那幾次的旅程裡，總會聽到探險隊長說著自己去了南極二、三十幾趟，歷史學家說著在南極爬山、露營、過聖誕節的種種經歷……這些迥異於常人的歷練，讓探險員們散發迷人的光環。南極的景致固然讓人驚豔，但十年前遇見的這些探險員更讓這片白色大陸注入了熱與血，他們用力的以知識、體力和熱情呈現在白色南國生活的痕跡，這塊大地深刻的烙印於他們身上，在與他們的對談之間，都能感受到來自世界盡頭的圖騰。

隨著旅遊產業的快速發展，去南極不再算是「挑戰型」的旅程，不少原本經營休閒度假的郵輪公司紛紛加入南極這塊旅遊大餅。他們把沾有米其林主廚名氣的餐廳、有豪華落地窗的房間、有舞蹈老師教大家跳騷莎舞（Salsa）的船開來南極，讓南極旅遊洋溢悠閒甚至奢華的氣味。世俗化的南極之旅，讓越來越多人可以靠近、認識這片白色大陸，他不再是必須吃苦耐勞才能應付的旅程，他的「享受」選擇越來越多。

當前往南極的旅人組成結構改變、當船上設施的定位改變，在船上被稱為「探險員」的面貌也變得不一樣。在這個年代的南極船上，會不會服務客人比勇不勇於去探險還要重要。探險員個人的豐功偉業，比不上對客人的耐心和客氣來得必要。畢竟，包裝成旅行商品的南極行程是「遊程」而不是「探險」，船上的探險員比較像是保母，陪伴旅人度過南冰洋時光。

但是，還是有幾位探險魂濃烈的探險員會出現在漸漸不強調英雄感的南極船上，有緣遇見他們，無疑目睹這些人如何突破人類的極限、衝破對日常生活的想像，在世界的盡頭落實自己的夢想。

夢不見得很甜美，但他們真真切切的在白色南國活過。

只想活在看得到海的地方

　　基本上，南極的狂熱分子都熱愛航海、喜歡海洋。畢竟這是要經歷漫長海上旅程才能抵達的目的地，若不是因為對海洋有狂熱，不會踏上探險之路。不管是史考特或是謝克頓，他們的背景不是海軍軍官就是航海家，對於航海不只有專業還有熱情。研究探險史的英國當代歷史學家休‧路易斯─瓊斯說：「一定要為海痴狂才能成就自己的理想，我自己就是一個海洋狂熱分子，一定要活在看得到海的地方。」

　　休是極地探險公司Poseidon的探險隊長，因為對南極探險史嫻熟，每每分享探險家的故事時，過往的場景清楚地浮現在聽眾眼前，讓人可以很迅速地進入南極探險情境。我對他更深一層的認識則是讀了他的著作《探險家們的寫生簿》（本書被英國《衛報》選為年度十大旅行類好書，台灣已出版），他以古往今來五十個重要探險家筆記本上的文字與插畫為線索，用洗練的文字說出每一個探險家的故事。他在序言中寫著：「本書收錄的每一個人物都曾經在各自生命的舞台上冒過險；他們都選擇向常規挑戰，敢於踏上一場艱難的旅程，放棄家鄉的舒適，展開探險……他們都把自己看到的東西記錄下來，讓後繼者可以追隨。打開他們的筆記本，我們就能夠與他們一起踏上意義非凡的歷史之旅。」透過筆記與繪畫的解讀，休重塑了謝克頓、史考特、達爾文的形象，讓這些探險家更貼近大眾。我在船上很幸運的遇見他，聊起了這本書，他說：「我們讀歷史總是將焦點放在居功厥偉的大事件，但這些日記、隨筆才是成就關鍵事跡的重要元素。」

　　讀他的書會以為他就是深居在圖書館裡的學者，但在海上認識他，會被他全身上下散發的探險魂所折服。休20歲左右就已經

歷史學家休是極地探險公司的探險隊長。

休藉著研究探險經典書籍，勾勒出探險家生動的面貌。

在尼泊爾攀爬喜馬拉雅山系，他一邊攻讀歷史學位、一邊拓展自己的探險疆界。甚至，他的愛情都跟探險有關，他的妻子凱莉（Kari Herbert）的父親是極地探險家沃利・赫伯特（Sir Wally Herbert，於1969年步行至北極點，為史上第一），凱莉本身也是旅行作家、電視節目主持人。探險這個主題，滲透到他生活裡的每個細節，他笑著說：「我爺爺曾經開著飛機飛過南喬治亞島，他常常跟我講那段歷史，這應該就是開啟我要往南極探索的關鍵。」

休靈活的在教職、寫作、探險隊長的身分間切換，這些身分最大的共同點就是對海的狂熱、生活不可以離開海洋，他說：「我是在海邊長大的孩子，我離不開海，所以長大後也選擇住在海邊。雖然現在有教職，但只要休假，我就會航行在海上、生活在海上，分分秒秒的感受大海，不管是好天氣、壞天氣，我都愛。」他對南極的著迷也始於海。當許多旅人對於漫長的航海日感到無聊，或是一聽到浪高5公尺就膽怯時，休反而很享受這一切。對他來說，海象就是探險的一部分，海裡有無窮的生機、海洋有萬般的面貌，就算去南極上百回也無法看清楚海的模樣。

每一次的南極旅程對休而言都是跟探險家們致敬的儀式，他樂於在船上分享這些前輩們的故事，樂於帶著旅人走過探險家們走過的痕跡，他感性地說：「想到自己是跟達爾文、史考特在同一個地點出發，就會覺得探險的靈魂在我們之間流動著。」南極的旅遊市場因應時代轉變而有不同的面貌，但不變的就是海洋，旅人依舊必須挺過難熬的海路才能抵達南極大陸，而這樣的險途就是百年前探險家的路徑。

每年南半球的夏天總會帶幾航次南極團的休說：「有的人是因為企鵝、海豹、信天翁、鯨魚的生態而來南極；有的人是被冰山冰河等魔幻地貌的吸引而來南極，這些都很精采，我也都很喜

歡，但緊緊抓住我、再三造訪的原因是探險史，南極探險史雖然不長，可是驚心動魄，是人類意志力最大的展現，也是大自然威力的展示。」望著德瑞克船長前往南冰洋時起錨的英國普利茅斯港口，他感嘆的說：「你可以想像嗎，在四百多年前，竟然有人有那麼大的勇氣從這裡，一路往南，拓展未知的疆界。南極對我而言就是未知的疆界。」

海海人生

休是對歷史著迷，更多探險員是對航海這件事執迷。在2018年的南極船上，我遇見一位在台灣海洋大學航海系畢業的年輕男生Daniel，他就是因為著迷航海而向多家極地探險公司投履歷，開始在極地的探險郵輪上工作。在那次南極旅程裡，他教船上的旅客們如何看海圖、導覽船橋駕駛艙的所有設備，當他看著海圖，用三角板計算著距離，那專注的眼神有著夢想的穿透力，在密密麻麻的經線和緯線間，他看到的是迷人的國度。這些國度只有海洋到得了。

台灣籍的極地探險員 Daniel。

當時船上的副探險隊長Marta很熟悉這樣的表情，她說：「一旦迷上航海，就是海上的人，只想在海路上走。」Marta在8歲就開始航海，20歲左右成為2004年雅典奧運會的西班牙帆船隊隊員，卸下運動員的身分後，卸不下對海的熱愛，所以她選擇的工作都跟海洋有關，不是在北極區域的格陵蘭一帶，就是在南極，休假回到西班牙，就待在地中海，她滿足地說：「相對來說，大海比陸地給我更多的安全感，我覺得自己是被緊緊包覆著。」

39歲那年，Marta和幾個朋友花了兩個半月，一路從西班牙開著帆船前進南極，她興奮的說：「這是我的圓夢之旅，用最簡

單的船、循著前人的路線，前進南極。百年前探險家的經歷指引著我、帶領我以他們的方式走一遭。」帆船旅行非舒適的南極觀光船可以想像，除了要倚靠大量人力外，航行期間的水和發電都要自己張羅，所有的裝備、糧食必須經過精準的測量和評估，就像百年前史考特前進南極要羅列一堆必備清單一樣，哪裡可補給、哪裡可休息，都要精算。這樣的旅行方式對Marta來說，才是真正的海洋旅行，才是對南極致敬。她說：「我非常幸運在那兩個半月沒有碰到惡劣的海象，就算是穿越德瑞克海峽也非常順利，這樣的旅行方式讓我對大自然更崇敬，沒有海洋、氣候的成全，人力根本無法完成。」

她清楚記得當帆船航行至有世界盡頭城市之稱的烏蘇懷亞港口時的悸動，Marta說：「在那裡，很清楚的知道離開這個港口跨過德瑞克海峽，就是南極了，一輩子的夢想就在過了這個海峽後就會實現，離夢好近好近。但這個不可控制的海峽又常常讓許多人前功盡棄。」在那個港口，她碰到其他開著各式各樣的船要前進南極的探險者，或是打算划獨木舟環繞南喬治亞的挑戰者們，有的在等天氣好轉、有的在修理裝備，大家彼此鼓勵、彼此祝福，她說：「那個港口是世界的盡頭，卻是許多探險家圓夢的開始。」

經過三個禮拜的南冰洋航行，我和Marta在烏蘇懷亞告別，她準備迎接下一梯次南極之旅的遊客。對旅人來說，這個港口也是一圓南極旅行夢的起點，只是我們搭的船越來越豪華，不少船都已經變身為飯店等級的小郵輪，去南極就像是住旅館一樣舒服。Marta莞爾的說：「有時候，還是會懷念起帆船在大海顛簸的樣子，在那段航行裡，衣服永遠是濕的，不，應該說所有的東西都濕答答的，好難乾。現在回想起來，雖然辛苦，卻很甜美。」

她／他從海上來

　　對許多探險員來說，極地的工作經驗是季節性，他們往往待三個航次就休息一陣子，然後再接下一趟航次。然而，船上的船務、房務、餐飲等近百名專業人員，多半常年在船上，跟著船去南極、北極，他們並不是去觀光、也不是要探險，而是在船上掙錢，以支撐遠方家鄉的經濟。2019年5月，我在英國普利茅斯港遇見從南極開回北半球的Poseidon探險船海精靈號（Sea Spirit），我以為來到北半球應該會看到不同的組員，沒想到一登船就看到櫃檯的菲律賓籍服務員Jonalyn，她說她跟著船一路從南美洲開來這裡花了18天。對我來說，她簡直就是從海上來的人。

　　2018年，我和Jonalyn在南極的船上相識，她已經在海精靈號工作超過五年，去過南北極上百次，和她有同樣經驗的菲律賓人、俄羅斯人、哥斯大黎加人在這艘船超過五十個，他們為了養家而以船為家。Jonalyn說：「當船季結束時，我曾短暫回菲律賓兩個禮拜，我竟不習慣家裡的熱。我已經習慣我的生活看出去是冰雪世界，呼吸到的都是冰冷的風。」長時間在海上生活累積的經驗，讓他們有時候比「探險員」更熟悉海象，她總是會貼心的提醒我該注意的事情。比方，明天有一段海流會比較強，你晚上睡覺會比較辛苦，最好拿一點暈船藥備著。又比方，這幾天是月初，星空非常美，沒有光害，你一定要去甲板看星星。

海上告解室

　　對我來說，這些房務與船務人員是成就每一趟南極探險的關鍵人物，而永遠守在吧台的酒保Sixto更是全船的靈魂支柱，不管是探險員還是旅客都不能沒有他。Sixto在大大小小的郵輪上工作

當客人在岸上活動時，探險隊長才有短暫的休息時間。

三十三年了，在海上過的日子比陸地上多。他曾經在上千人的郵輪服務二十多年，近十年則專門在往返極地的船上擔任酒保，他說：「我比較喜歡在小船工作，乘客一百多人，一趟南極的航程就可以跟所有的旅人打成一片、有深刻的互動。」對所有的探險員和乘客來說，Sixto絕對是船上最想要深入交流的對象。

Sixto除了根據每天要登岸的地點推出每日特調外，還猜得透人心，他有如神父，人人需要跟他告解。興奮的旅人會跟他分享今天在旅途中拍到的照片、身體不適的旅人只要靠在吧台上，他立刻可以端出讓人溫暖微笑的飲料。他幾乎是所有人一上船第一個交到的「朋友」。當海象不佳而無法登岸時，他會安慰你：「沒關係，這個地點很難登岸，我來南極那麼多趟有只在那裡靠岸過一次。」當天候爛到連南極都去不了時，他會說：「但你過去一個禮拜在南喬治亞和福克蘭群島遇到超棒的天氣，那是非常難得的。我之前有個航次，二十天只登岸一次！」再悲慘的遭遇，他都可以給人正能量，適切的遞上一杯酒，讓人覺得自己並非在地獄的最底層。

由於我喜歡窩在船尾的圖書館看書看到很晚，從單人沙發可以看到吧台的動靜。每天過了十一點後，旅人大多回房休息、鋼琴師也下班，這時候的酒吧格外寧靜，一日的喜怒哀樂都被蒸餾到清晰透明。在這樣的時刻，總會看到幾個探險員全身放鬆的靠著吧台，在威士忌或琴湯尼間若有似無的聊著，鎮日緊繃的身心只有在這個時刻、這個空間可以稍微放空，可以不用謹慎的用字遣詞、不用一直帶著振奮人心的表情，在接近子夜的時候，在Sixto的面前，他們可以還原成自己原本的樣子。

任何人站在Sixto面前都可以得到安慰。資歷顯赫的探險隊長有時候也會無法得到全船旅人的諒解（比方，2018年我的南極之旅在探險隊長宣布因為天候因素無法在南極大陸登岸後，幾乎引

酒保Sixto以佳釀安慰船上旅人的靈魂。

起全船暴動，很多人無法接受花大錢卻無法抵達南極、踏上南極大陸的事實），他必須面對全船人的沮喪。在一個很深很深的夜裡，我瞥見他在Sixto面前一杯又一杯，他沒有說話，Sixto也沒有說話，在那麼暗的夜、那麼黑的大海上，Sixto是這片汪洋唯一理解他的人。他不用解釋為何無法登岸，海浪不羈的搖晃就是答案，而他無懼於大浪，依然安坐吧台，靜靜地喝著他的威士忌，身旁滿牆的酒瓶因為搖晃而發出哐啷哐啷的聲響，都搖不進他沉寂的世界。Sixto就像什麼都沒發生一樣的站在吧台內，南冰洋的狂風暴雨都無法撼動他守護的溫柔堡壘。

在船上工作的人，各有各的故事，不管是單身的、結婚的都有必須面對的難題和要扛的責任。長期在海上工作的生活型態，讓一些人婚姻維持不易；跟著南北極旅遊季節而上船的探險員，也很難經營穩定而長久的感情關係。當我們羨慕著這些人造訪南北極的次數比我們搭高鐵的機率還高時，他們也有自己的人生課題要解決。開往南極的船對旅人來說是圓夢的船，但對工作人員來說是生命中不可承受之重。當船從南冰洋歸來、靠近烏蘇懷亞港口，手機終於有了訊號，菲律賓籍的餐廳經理趕忙打著電話，用我聽不懂的語言，他的語調一下開心、一下沉默、一下低沉，情緒千迴百轉。不管發生什麼事、不管遭受什麼打擊，五個小時後，船又要啟程、新的乘客要上船，又將進入超過十天的無網路失聯旅程。

南極，強悍地要求這些海洋執迷者專情，一旦踏上海路，歡喜與憂傷只能隨他主宰。那些不屬於白色南國的人情世故，都只能暫且冰封、被迫消失。因為在這個國，只能純粹，純粹的信仰南極。

南極船上有許多菲律賓
籍的工作人員,他們一
離家就是大半年。

當探險成了服務業

隨著南極旅遊市場的改變，除了生物學家、科學家、戶外運動專家這幾種典型的探險員需求外，南極船上需要更多可以跟乘客溝通、處理乘客各種狀況的探險員。台灣女生陳芊華就是在這個背景需求下，登上了南極的船、擔任副探險隊長。

陳芊華曾在旅行社工作十年，旅遊業的經驗讓她熟知顧客的需求，也知道旅遊產業鏈的各個環節。2013年她第一次去南極，就被白色沙漠所吸引，覺得世界好浩瀚、人好渺小，此生所有的執念在天地間都不算什麼。也在那一刻，她下定決心想在極地旅遊的市場發展，於是辭了工作，開始極地的探索。當時正逢中國南極旅遊市場的崛起，許多船公司需要會說中文的翻譯人員，她因著流利的英語能力以及豐厚的旅行社資歷，被邀請上船擔任探險員，負責翻譯。她說：「很多人以為當探險員必需有豐富的戶外運動經驗，其實並沒有那麼絕對，有時候你擁有別人沒有的能力，這就會成為非你莫屬的工作。」

由於南極的旅程通常會安排多場和生態與環境有關的講座，這些教育性的課程主要是以英語進行，因此翻譯人員在船上身負重任，必須同步翻譯演講者的分享內容。每當講座進行時，演講室的後方就會看到一排探險員分別以俄文、德文、法文、中文進行即席口譯，陳芊華就是其中一員。她要把深奧難懂的冰的結構、地殼變動、南極地質的組成等專業術語翻譯給說中文的旅人聽，因此需要絕對的專注。

由於探險郵輪主要是以英語溝通，當台灣人或是中國人在生活上或是飲食上發生問題時，陳芊華也要幫忙翻譯、解決，她笑著說：「在船上服務的時間，我沒有一天睡飽，忙完乘客的翻譯工作後，探險員每天都有例行的會議，開完會又要為第二天的工作做準備。此外，探險員的房間都是雙人房，完全沒有自己的空間，日子並非想像中的自由自在。」

南極的船就是一個小世界，一兩百個乘客在船上一起生活10到20天，探險隊員往往一登船就得在船上待一個半月。送走了這批遊客，下一批遊客即在5個小時後登船，日子不斷地重複。陳芊華坦言，通常第一航次會覺得很新鮮，但要撐過第二航次、第三航次，你才會清楚自己適不適合當探險員。因為，說到底，這是服務業，無法成就自己的英雄主義。她曾見過履歷顯赫，從事多樣極限運動的探險家上船當探險員，但撐不到第二航次就離職，她語重心長地說：「探險員最終要處理的其實都是人的問題，主要的任務是要讓遊客安心滿意。」德瑞克海峽再險惡都沒有人心來得難預料；南極的天候再差，也比不上船上的乘客鬧脾氣；原以為船上的探險員是勇闖天涯的流浪者，但他們花最多力氣和心思的卻是處理人際關係。

南極看似天寬地大，但探險員多半的日子是被限制在船上的，心情不好，也逃不出這艘船，頂多到甲板上吹吹風，最終還是得回到船艙面對問題、倒數著可以下船的收工時間。我終於明白，我在2010年3月搭到那個季節最後一航次的南極探險船時，為何在旅程的最後一天，探險員和部分工作人員興奮得從四層樓高的護欄跳入大海，開心的在冰冷的南冰洋裡游泳。對他們來說，這一季的工作終於結束，他們終於自由了。

陳芊華在極地旅遊領域
工作多年。（陳芊華提
供）

如果你想當南極探險員

在台灣協助探險公司招募探險員的陳芋華說:「十年前,可能要身懷絕技,或是生物、生態、海洋相關的專業人員比較有機會當探險員,但現在的探險員不見得要有特殊的專業,最重要的是服務的熱情,現在的探險隊其實就是服務業。」她指出2014年左右,南極旅遊飛速發展,尤其中國市場大開,中國的龐大市場讓所有探險公司渴求能招募多名中文翻譯人員,在那個階段,只要語言能力夠強,就可以登船當探險隊員。

目前,許多年輕的海外華人漸漸取代台灣或是中國的華語翻譯人員,如果要在這些中英文流利的人才間脫穎而出,就得要有其他專業,如划獨木舟專家、擁有橡皮艇駕駛執照。不過,最重要的還是要認清:上船工作就是從事服務業,不是探險家。抱持從事服務業的心態工作,日子比較好過。

陳芋華是台灣很早期登上南極探險船的探險隊員,但由於船上的華語乘客很多,她必須協助領隊處理團員生活上的瑣事。旅人房間有問題,會來找她;吃飯不合口味,也會來請她跟廚房協調。若不是有高度的服務熱誠,很難擔任這個職務。雖然工作繁瑣,但南極探險員對許多人來說,還是很夢幻的工作,每日的薪資約150美金至200美金(約台幣4500至6000元不等,依經驗而有不同的薪資結構),一季工作下來,可以存下一筆錢。

船上的世界就是一個微型的社會,有的人是因為想遠離現實而上船工作,但船上探險員的工作環境往往比現實社會還現實,陳芋華表示,除了要有抗壓性,還必須耐得住寂寞,她說:「在陸地上工作,心情不好你可以躲起來、到別的地方走走。在船上,你無處可逃,再加上離家那麼遠,長時間工作下來,必須面對巨大的寂寞。」但她還是很鼓勵有興趣的朋友可以嘗試探險員的工作,她笑著說:「船上的工作絕對是遠離舒適圈,讓自己的人生有截然不同的體驗。」

南極探險員不只是勇闖天涯的探險家,也要是會照顧乘客的旅遊從業人員。(陳芋華提供)

舒適圈的南極痕跡
極地博物館的生死遺言

Beautiful Losers

　　研究探險史的歷史學家休・路易斯─瓊斯跟我說：「如果要造訪最能代表南極的博物館，那就去在英國劍橋的史考特極地研究中心吧！」

　　我曾造訪過的極地博物館，不是接近北極就是靠近南極。挪威奧斯陸的弗拉姆極地博物館（Fram-The Polar Exploration Museum是以挪威遠征南北極的「前進號Fram」命名）、紐西蘭基督城的「南極國際研究中心」都是在冷颼颼的地帶，或是接近大海的地方。往往一離開博物館，吹著襲來的海風，都會有一種跟著風走就可以抵達南極的幻覺。但「史考特極地研究中心」卻是在英國的大學城劍橋，離南極很遠。

　　在劍橋的任何一棟稍有歷史的建築，都會讓人認定為學術機構，推開門可能是滿山滿谷的論文或學術計畫，不會跳出一座冰山或一隻企鵝。我對休高度評價這個「博物館」感到懷疑，但還

是好奇地去瞧瞧。畢竟我是極地控，看到「Polar」這個字眼就會往那兒鑽，非得目睹世界盡頭的盡頭是什麼模樣。

推開厚重的大門，老舊建築的右邊拱頂是南極地圖、左邊拱頂是北極地圖，我仰望南極的輪廓許久，在他注視下，走到服務台，正納悶門票要多少錢，值班的先生說：「歡迎，這裡免費。」他的笑容與談吐像一名圖書館員，完全嗅不到極地的氣息。我進博物館看了一圈；兩天後，又情不自禁的走進這間博物館，細細的一看再看，不得不認同休所說：「史考特極地研究中心是最有南極感的博物館。」

靠近極地的博物館

若以娛樂性和吸睛度來說，「史考特極地研究中心」超冷感的。反觀，在紐西蘭的「南極國際研究中心」則有主題樂園的樂趣，是老少咸宜的南極體驗館。在紐西蘭「南極國際研究中心」可以穿著館方提供的整套南極衣物、進入溫控零下8度但搭配風速可使體感溫度狂降至零下20度的風暴室。喜愛企鵝的旅人，在這裡可以輕易地看到企鵝游泳、生活、用餐，仔細參觀一圈，可以拍出很有南極感的網美照。我在這個研究中心待了大半天，參觀完館藏後，輕鬆的在市區餐廳吃一頓美味的晚餐，度過惬意的一天，彷彿南極就在自家後院，冰雪世界等同於美好人生，讓人忘了這塊大陸嘶吼發狂時的面貌。

而位在挪威奧斯陸海灣旁的弗拉姆極地博物館則展現北海小英雄的榮耀，鋼鐵簡潔的外觀把南極研究站的模樣在挪威港灣旁重現。一進博物館，象徵挪威極地探險靈魂的「前進號」（Fram），就在館藏的正中央。這艘1892年下水的帆船曾帶著探險家南森（Fridtjof Wedel-Jarlsberg Nansen）去北極、伴著阿蒙森

弗拉姆展示挪威探險的驕傲「前進號」。

弗拉姆收藏許多挪威在極地探險時代的裝備與器皿。

去南極，創下挪威輝煌的極地探險紀錄。

　　走進「前進號」的參觀路線，地質學家普利斯特雷在日記《南極冒險》中所提到1911年在南冰洋遇見「前進號」的觀察筆記不斷在我腦海冒出：前進號的引擎只占我們起居室一半大小、他們每個人有單獨的艙房（英國新進號則是擁擠的團體房）、他們的狗只要一聲呼哨便會停下來、前進號在海上像軟木塞似的很會搖擺卻不會進水（英國新進號一直處理進水問題）……他們的國家偏北習於嚴寒，而他們在雪地旅行的經驗更是全世界無人能比的。

　　從船橋走到船尾，有如走進百年前的探險時光，南森當時和造船者阿契（Colin Archer）對此船的講究和謹慎，其實就讓極地探險計畫成功一大半。南森在《極北之旅》寫道：「打開過去探險隊的漫長歷史，我們非常驚訝的發現，幾乎沒有一支隊伍所使用的船隻是為探險目的量身打造。事實上，大部分探索者所使用的船隻，其原始設計甚至不是用於冰上航行……探險隊大都是倉促成軍，沒有時間仔細考慮裝備之事。」對裝備的考究，讓造船者阿契打造「前進號」時特別指出：「在建造這艘船時，我們必須考量兩點：一是船身的形狀必須盡可能不成為冰塊攻擊的對象。二是船體必須非常堅固，足以抵禦任何方向來的巨大壓力。」

　　史考特的探險是以大量的文字和圖片，來證明英國的科學研究成果與探險的勇氣；阿蒙森則是以幾乎毫髮無傷的「前進號」證明挪威是贏家。我每次去挪威，都會走訪這個博物館，對我來說，看到「前進號」、摸到「前進號」，就是實體感受到南極。直到我造訪劍橋「史考特極地研究中心」，才發現沒看到精進的設備、沒有體驗南極的實境，只靠著珍貴的文件竟能迸發強大的南極後座力。

挪威奧斯陸的弗拉姆極
地博物館。

史考特極地研究中心展
示當時南極探險時所有
的裝備配置文件資料。

後座力最強的極地博物館

「史考特極地研究中心」劃分了南極區與北極區，展示英國在極地探險史上扮演的角色，所以庫克、謝克頓等重要探險家有專屬的展櫃陳列他們的事蹟。然而，占博物館最大面積的是史考特的探險生涯，再精確一點，其實是呈現他的最後旅程——前進南極點。就結果論而言，史考特的南極點探險是失敗的，他甚至在此喪命，但這樣悲劇性的人物，卻是南極探險史上的標誌，他留下的筆記、他所帶領的科學考察，對英國後來的南極研究有重大的影響。

我仔細觀察史考特的眼鏡、隨身的針線盒、攜帶的茶葉罐、途中所用的杯杯盤盤……這些器物其實在其他探險博物館都有，可是他用過的流露悲壯感。其中吸引我目光的是羅列必帶物品的手寫清單：餅乾幾盒、菸絲多少……整齊的字跡其實是對遠方探險的精心估算。他在《發現號之旅》提到：「撰寫極地旅行的紀錄，首要目的就是讓後來旅行者參考；寫作者主要是寫給步他後塵的人看。」筆記本上鉅細靡遺的數字，其實是給同行者活下來的處方籤，下筆的一筆一劃都是求生的力量。

和史考特遺物相對的展櫃是文件資料櫃，參觀者必須一一拉開每個檔案抽屜。我隨意拉開，看見一張手寫信：「我親愛的威爾森太太：如果這封信到達妳手中，比爾和我一定已經一起走了。我們現在已很接近終局，我想要妳知道他在這最後時刻多麼了不起……我無法安慰妳，只能告訴妳，他死時恰如其生前，是個勇敢、真誠的人，是最好的同志、最忠實的朋友。我全心為妳悲痛。史考特敬上」

模糊的字跡，強烈的打在我的心上，讓人顫抖。再拉開一個抽屜，又是一張紙躺在裡頭：「親愛的鮑爾斯太太：這封信到妳

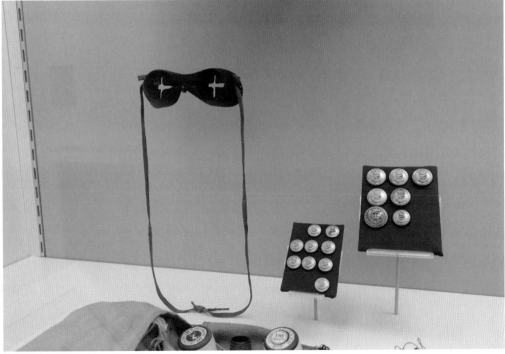

手上時，恐怕妳已經受到生命中最大的打擊了……我欣賞他極其正直的天性……當處境越來越艱難時，他不屈不撓的精神越煥發……」一帖一帖的訣別書，放在一格又一格的抽屜裡，打開一格就是一個傷心的告別，打開另一格，又是另一個心碎的死亡通知。在沒有過多裝飾和體驗活動的博物館裡，這些信件傳遞出人在極地裡絕望而真實的情感。人在最後一刻究竟在意什麼？在資料櫃上方的玻璃櫥窗裡，展示一本小小的聖經，是威爾森的，薄薄的經紙孤獨的面對荒涼空間。聖經是搜救隊在威爾森的帳篷裡發現的，那個帳篷也躺著史考特、鮑爾斯，搜救隊拾起史考特寫給隨行夥伴家屬們的信，其中一封的開頭是：「致我的遺孀（To my widow）……」

史考特寫給大家的信，其實我已經在一些探險書上讀過，但是看到這些文件被一格一格的放置在博物館、看到史考特在生命最終時所寫下的無奈惡耗，每個句子都令人揪心。原本以為只是稀鬆平常的文物展覽，竟成了穿越時空的線索，他的字跡像是按鈕，讓我目睹了這些偉大探險家們告別人間的那一刻，如同薛瑞在搜救時看到的景象：我們找到所有的東西——紀錄、日記等等。他們還拍了好幾捲底片，氣象紀錄一直寫到3月13日，還有很多地質標本。而且他們堅持到底，不丟棄所攜物品。人到了這樣時候還拉著所有東西走，不放棄他們以生命換來的東西，實在了不起。（《世界最險惡之旅》的薛瑞日記）

走出「史考特極地研究中心」，春日的劍橋陽光燦爛，如果不是特別來看和南極有關的文物，不會有人知道這裡藏著世界盡頭最悲壯的靈魂。「史考特極地研究中心」沒有美化探險家的英雄氣質，而是將探險家的樣貌如實表達：他們是人，他們對生離死別也有情緒，只是超凡的意志力和體力，讓他們不斷突破極限、創造個人的紀錄以及拓展國家研究的疆界。而探險家們終究

是肉體之軀，在大自然下，都得臣服，如同一進這個博物館，南極大陸與北極地區從挑高圓頂俯視人間，不管是誰，都只能仰望。

Info

英國史考特極地研究中心Scott Polar Research Institute／網址：www.spri.cam.ac.uk

挪威弗拉姆極地博物館Fram-The Polar Exploration Museum／網址：frammuseum.no

紐西蘭國際南極中心International Antarctic Center／網址：www.iceberg.co.nz

呼吸南極　　　155

活著，
在南極
Residents

看企鵝的
日子。

Penguins

> 總括來說，我不信世上有誰的日子比帝王企鵝更苦。
>
> ——薛瑞《世界最險惡之旅》

　　我從來沒想過企鵝命苦，在去南極之前，企鵝對我來說是宇宙無敵可愛的動物，甚至在貓熊來台灣前，牠還是動物園的排隊瀏覽率第一名。即使電影《企鵝寶貝》看了好多回，電影闡述的其實也是企鵝的辛苦，然而，牠們可愛的造型、討喜的動作，讓人越看越愛。或許，企鵝長得太完美、無與倫比的萌樣已超出常理，這種如同外星球般傳奇的物種，讓人難以感受牠的痛苦與悲傷。

　　沒想到親臨現場，發現企鵝挺臭的。第一次抵達極地、走進企鵝生活圈，我是掩著鼻子的，初夏排泄物的氣味讓涼涼的空氣中瀰漫腥臭味，企鵝的臭味和陽光成正比，太陽越大腥臭味越重，陽光越弱越聞不到排泄物味道。即使排泄物的味道濃烈，我

還是不停的讚嘆：「企鵝真可愛！」企鵝臭與不臭都不會將牠的可愛打折，在如此無害的動物前，可以把嗅覺和感動完全獨立，牠們可愛無邪的模樣，讓人不管地上的排泄物，五體投地的拍照。一邊按快門、一邊摀鼻子、不斷說著：「好可愛！」

是魚？水裡比陸上靈活

我趴在雪地上拍著企鵝的一舉一動，一個西雅圖來的太太忍不住問我：「企鵝到底是鳥還是魚？牠一會兒在陸地上散步，一會兒又跑到海裡游泳，真是奇妙的生物。」

在還沒有來南極前，所有的照片、影片都讓我堅決的相信企鵝是「鳥」。但身處在這白色大地，看著企鵝在海中、浮冰上靈活的運動，我可以理解為何這位太太會冒出「企鵝是不是魚？」的疑惑。

企鵝是鳥類，但牠不會飛，卻是游泳好手，也是厲害的潛水員，帝王企鵝甚至可以潛到水深630公尺達20分鐘。船上的鳥類專家Nigel說：「企鵝絕大部分是在海上、冰上生活，只有在孵蛋的時候才會在陸地上築巢生活。」

當我從探險船換上橡皮艇往岸上登陸時，突然看到有如海豚般飛躍的「物體」在船緣飆船，我原以為是小海豚，仔細看才發現是在海面上游泳、跳躍的企鵝，牠們「打橫」的在水面上跳，實在太像魚類或海豚，不仔細瞧很難猜出是企鵝。

在陸地上看企鵝動作慢條斯理，可是在海上，牠們好像都自備電動馬達，身手靈活得讓人難以快速對焦，像在南極半島上最常看到的尖圖企鵝，牠們在海裡游泳的速度可達時速35公里，在海面上看到牠們躍出水面的身影就像閃電般俐落。

是鵝？賊頭賊腦當小偷

陸地上的企鵝，立刻被打回「鳥型」，初次去南極是11月，剛好是孵蛋的季節，只見企鵝蹲在石頭堆上孵著蛋，型態真的是「鵝」。夏天的南極，11點天才暗下來，4點多就天亮了，拜訪企鵝的時間多是在光亮亮的大白天。儘管是光天化日，但企鵝仍大辣辣的進行「竊盜」行為。

初夏時分，企鵝爸爸媽媽們忙著在陸地上叼石頭做巢，砌一個可以孵蛋的巢要近百顆小石頭，企鵝們認命的從岸邊用嘴巴一次叼一顆小石頭，然後爬過一個山頭，再將石頭放在打算築巢的地方，周而復始的做一個凹字型的巢。當我看著企鵝們不辭辛苦的叼石頭築巢時，真的很感動，很想主動撿石頭幫牠們築巢。不過南極旅客登陸須知裡規定：不能搬動南極大陸的一切東西，一粒沙子、一顆石頭都不行！

正當我為企鵝們一顆石頭一顆石頭的搬運而叫苦時，突然瞥見身旁的企鵝甲賊頭賊腦的靠近企鵝乙築的巢，然後趁著企鵝乙不注意的時候，用尖嘴偷咬了一顆企鵝乙巢邊的石頭企圖帶回家，當企鵝乙發現自己的巢缺一角時，企鵝甲早就逃之夭夭，跑回自己的巢。

更慘的是，當企鵝乙慌張地朝企鵝甲的方向大吼時，心懷不軌的企鵝丙偷偷地跑到企鵝乙的的巢旁也叼了一粒石頭走。企鵝乙一回神，發現自己的巢又少了一角，慌忙的亂喊，企鵝甲又趁人之危，又再去偷一粒石頭……為了節省翻山越嶺的搬石頭之苦，企鵝們聰明的發現撿現成的比去搬石頭還快，所以在許多企鵝群中，紛紛上演挖人牆角的戲碼。遭搶劫的企鵝除了仰天狂喊外，別無他法。

拜訪國王企鵝

築巢偷石頭的戰爭年年在南極初夏上演，尖圖企鵝、阿德利企鵝、頰帶企鵝為了小石頭而上演的戲碼其實是好看又好笑的鬧劇。至於胸口有黃毛的國王企鵝（King Penguin）是不用築巢的，但並不代表比較省事、日子比較輕鬆。為了看身上有黃毛且體型較大的企鵝，我的第二次極地之旅花了很長的時間在南喬治亞，南喬治亞是國王企鵝重要的棲地，從福克蘭群島要經歷整整兩天的航行才會抵達。第一次的登岸是在薩里斯貝里平原（Salisbury），天空下著磅礡的大雨、大地一片霧茫茫，我和國王企鵝的初次邂逅就在淒風苦雨裡。數萬對的國王企鵝聚在一個山谷，大雨把土壤淋得濕滑，我和企鵝相遇在泥濘之中。我小心翼翼的走，企鵝們也走得膽戰心驚，有的沒踏穩便滑倒在泥濘之中。潔白的羽毛沾了泥土，渾身像剛做了泥巴浴的小孩，搖搖晃晃的在風雨中前進。

風一陣又一陣的狂吹、左右了雨水的方向，企鵝們也跟著風向轉身，以背部迎接滂沱大雨。剛出生不久的小企鵝，是蓬鬆的褐色，企鵝爸爸擔心小企鵝淋太多雨，一直用身體幫孩子擋雨。通常這樣的天候會打消旅人的遊興，但是當我置身在這壯觀的企鵝谷時，一點都不想離開，因為風雨中不方便拍照，我反而可以更專心觀察這些企鵝，聽幾萬隻企鵝大合唱。

風雨很大，可是很多企鵝一動也不動，靜靜的讓雨猛烈的打在身上，偶爾會抖動一下雙腳。仔細一看，才發現在牠們的腳上藏顆企鵝蛋，國王企鵝將蛋放在腳上孵、用肚子蓋住蛋。若不仔細觀察，還真不知道企鵝肚子下方有顆蛋、甚至有隻剛出生的小企鵝。當肚子和腳之間夾顆蛋，簡直就沒有行動能力，只能安分的蹲坐，有時候想換個姿勢，稍稍把肚皮抖抖，蛋才露出一點

點，天上賊鷗就虎視眈眈的準備要來偷蛋、搞破壞，賊鷗的干擾讓國王企鵝孵蛋孵得很焦慮，常發出無奈的啊～啊聲。不管狂風暴雨，孵蛋的企鵝就這般端坐著、闔著眼，沉浸在自己內在的寂靜世界。

國王企鵝孵蛋要孵54天，焦慮期非常長，而且企鵝寶寶出生到長大長達一年，必須度過寒冷的南極冬天，是相當嚴峻的生存考驗。我終於明白，為何薛瑞在《世界最險惡之旅》的開頭就寫下「總括來說，我不信世上有誰的日子比帝王企鵝更苦」這句話。帝王企鵝（Emperor Penguin）的生活場域比國王企鵝還寒冷、嚴峻，眼前的生活場景就已經讓我無法承受，更何況牠們還要度過漫長的冬天。

最難忘的一隻企鵝

一趟南極之旅，可以看到數十萬隻的企鵝，在一個又一個的海灣與尖圖企鵝、頰帶企鵝、阿德利企鵝、跳岩企鵝、麥哲倫企鵝、馬卡羅尼企鵝、國王企鵝相遇，全球企鵝種類達18種（也有一種說法17種）都在南半球，曾經有科學家把企鵝帶到北極想嘗試看看企鵝可否在相同氣候條件但不同極區繁衍，結果失敗。企鵝似乎只能在南半球才能安穩的生活。南極的旅程，就是與企鵝相處的歲月，看著牠們為了照顧企鵝寶寶的執著、看著牠們開心的在海裡游泳戲水、看著牠們悠閒的在海邊散步或是與海豹吵架、看著牠們在入冬之前忍受換毛（moult，換毛時企鵝像醜小鴨，長得很滑稽）不吃不喝的痛苦。人類直覺的「可愛」動物，其實經歷的卻是一場又一場的生存挑戰。不過也因為企鵝的存在，極地的風景才會那麼有生命力。

就外表來看，國王企鵝的外型是最吸引人的，牠的皮毛像絨

帝王企鵝生活在很惡劣
的冰天雪地裡。

尖圖企鵝媽媽仍盡心照
顧來不及長大的兩隻小
企鵝。

布，也像水彩交融出的夢幻色調，除了亮眼的明黃色，原以為黑色的頭部其實是深色的祖母綠，隨著光線閃出不同的光譜。看國王企鵝就像在欣賞上天的傑作一般，沒有一隻長得醜。小型企鵝裡，我最喜歡的是頰帶企鵝，牠們臉頰上的線條就是微笑的符號，永遠掛著一張笑臉，天真且無邪。至於分布很廣、數量龐大的尖圖企鵝，我則沒有特別的喜愛，直到2010年3月，在米肯森登岸，遇見一隻企鵝媽媽，那個企鵝媽媽讓我自此對尖圖企鵝特別疼惜。

米肯森的登岸是我第一次見識到南極風的力道與形狀，3月其實是拜訪企鵝季節的尾聲，由於冬天將至，許多企鵝家庭都已經回到海裡。船上生物學家Colin說：「企鵝上岸的日子並不好過，因為牠們的食物如磷蝦、章魚都在海裡。牠們回到陸地的理由只有一個：生小孩。但若沒有在冬天來臨前把小孩養大、帶進海裡，小企鵝會凍死。」

上岸後，米肯森的天候變得越來越惡劣，暴風夾著雪，打在臉上非常疼痛。風張狂的威力幫冰雹和雪塑形，變幻之間有著令人戰慄的形體，有如巨大的鬼影追著自己跑。由於風實在太強了，迎著風根本無法走動，只好背著風走、好幾次覺得自己快被吹走。當實在站不穩時，只好蹲下來、甚至撲倒在地、慢慢的爬向企鵝的棲地。沿途看到不少企鵝屍體，有許多熬不過日益變冷氣候，在冬天還沒正式來臨前就已經死了，而稀疏的企鵝群更讓人失去往前探索的動力。

眼前灰濛濛一片，是不寒而慄的「風」景，就在我準備轉身、放棄這一次的探索、回到溫暖的船上時，看到一隻孤伶伶的企鵝蹲在石頭上，不管風多大、雪打得多痛，牠堅忍的蹲坐在風雪中、不為所動。其他的企鵝群都已經躲在背風處或是在大石頭旁避著風暴，只有那隻尖圖企鵝在開闊的山坡上抵抗著惡劣的天

米肯森還有捕鯨時代留
下的廢船和鯨骨。

候。風強大到我一直在搖晃，很難想像一隻六公斤重的鳥類會站得那麼穩。正當我正納悶這隻企鵝為何不去避風寒時，突然看到牠的肚子下方鑽出一個頭、兩個頭，竟然有兩隻嗷嗷待哺的企鵝寶寶躲在肚子下方，不時探出頭來啊啊叫。企鵝媽媽努力的站好、站直，用全身的力量抵抗暴風、保護著這兩個小寶貝。

企鵝專家聖帝亞哥（Santiago de la Vega）憂心忡忡的說：「這個企鵝媽媽很沒經驗，竟然築巢在如此空曠的地方，而且牠太晚生了，現在小企鵝那麼小，冬天來臨前可能還沒長大到可以下海的程度。」然而，這隻尖圖企鵝堅定的眼神，流露對抗全世界的勇氣，在暴風雪中獨立蒼茫天地中的形象，是動人的表情。

漫漫回家路

小小的企鵝，模樣可愛，但在蒼茫的南極大陸間，每個舉動其實都是天地間最激烈的挑戰。牠們的一些舉動，深刻印記在我的心裡，我不會忘記2017年11月21日傍晚的場景，當時我在南極半島北端的古丹島（Gourdin Island），這是一個只有1.24平方公里的小島、靠近南極海峽入口，為南極探險船經常登岸的島。探險隊長在此提醒大家，這是少數同時可以看到尖圖企鵝、頰帶企鵝、阿德利企鵝的小島。

我到過古丹島至少四次，登岸或海上小艇巡遊都沒有讓我失望過。當天岸邊還有很多冰、所以不適合登岸，十艘橡皮艇只能從海上觀賞企鵝。才開始航行，我們就好運連連，湛藍的海面上，好多企鵝在海上飛躍，從海面上衝出來、再潛入水中。至於冰崖上，站滿了企鵝，準備跳入海裡覓食。有三、四艘橡皮艇在冰崖前約5、60公尺處，等待一群企鵝躍下水面。只見企鵝走來走去，時而到崖邊看看，時而又走回頭路，猶豫不已。偶爾一隻

企鵝跳下冰崖，後方的企鵝也未必跟著跳下，等十餘分鐘之後，忽然企鵝們開始往下跳，一隻接著一隻，像在崖邊下起企鵝雨般壯觀。旅人們在橡皮艇上狂按快門，快門的節奏就像幫企鵝的跳水打節拍。

　　有趣的是，當大群的企鵝跳入海中後，突然有一隻企鵝從海中竄出、躍上冰崖。牠的特立獨行引起在水面上的企鵝注意，這群企鵝竟然決定跟著牠一起跳上冰崖、回到築巢的地方。冰崖的高度是企鵝身高的四倍以上，也就是大約3公尺左右，企鵝從水中往上躍時，雙腳並沒有支撐點，是從水中直接衝上冰崖，大部分的企鵝都還沒跳上冰崖就摔回海裡；少數成功衝到冰崖時，又不幸滑了下來；最慘的是有些企鵝角度不對，直接撞上冰崖、墜入海中，可以想見撞擊力道有多強。只有極少數的企鵝，成功躍上冰崖、平安回到築巢的地點。看到企鵝小小的身軀，卻鎮日奮力地與海搏鬥、在顛簸的陸地上繁衍後代，不禁鼻酸。

　　南極大陸是企鵝帝國。在探險時代，企鵝是探險隊們的珍饈；在現代，企鵝則是旅人們疼惜的寶貝。牠們生來勞碌命，不管是要一顆石頭一顆石頭的築巢、還是要在寒冬中孵蛋，企鵝面對的是地球上最極端的氣候。當南極旅遊越來越風行時，企鵝們還得面對遊客騷擾。

　　企鵝，很可愛，可是，很命苦。

企鵝觀察筆記

朝聖之旅，遇見帝王企鵝

為了看《世界最險惡之旅》所描寫的帝王企鵝，我造訪牠們位在威德海的棲地雪丘島（Snow Hill Island）兩回。第一次是2016年，海冰太薄，直升機無法降落在冰上，我們只能夠從直升機上俯瞰帝王企鵝棲息地。2018年10月底，我再度與五位朋友前往雪丘島。當時心理壓力很大，一趟雪丘島的旅程要花費台幣約100萬，2016年沒有登岸成功是極大的陰影，若這次再沒有抵達帝王企鵝棲息地，我不曉得我還有沒有勇氣再花100萬。

10月31日下午，我們搭乘船上配有直升機的克雷尼可夫船長號破冰船（Kapitan Khlebnikov，簡稱KK號）離開烏蘇懷亞，穿過畢格水道進入德瑞克海峽，11月2日晚上就進入南極半島附近的水域，過了南極海峽之後，海冰愈來愈多，開始破冰前進，11月3日下午3點抵達雪丘島。由於帝王企鵝生活在冰原，船抵達雪丘島沿岸後必須靠直升機才能飛抵牠們的棲地。探險隊長Woody確認天氣狀況不錯後，立即進行第一次直升機登陸，這是我第一次和帝王企鵝面對面，當看到在紀錄片《企鵝寶貝》的主角們出現在眼前時，讓人感動到說不出話來。

這趟旅程非常幸運，連續多日都可以搭直升機去棲地觀察帝王企鵝。11月8日早上，雲層很低，遠處帝王企鵝棲息地和船的另一側都是烏雲，天氣比前一天還差，我對於搭直升機登陸不抱任何希望，但探險隊長竟然決定在二十節的風速下，讓我們前往企鵝棲息地。隊長說：「天氣有機會轉好，我們就放手一搏。」。

當我走到直升機所在的甲板，全身上下冷得不得了，雖然溫度是-6度，但感覺像-20度，風吹到臉上又冷又痛。從直升機降落的地點大約走一公里就抵達第一群企鵝棲息地，企鵝距離我們不到30公尺，還有不少小企鵝走到距離我們僅5到6公尺的地方。棲息地的溫度約零下20度，風很大，在這裡的每個動作都變得很慢、很辛苦。我笨拙的在小斜坡上架起腳架，找個地方坐下來歇腿，風聲震耳，壓過企鵝的叫聲。

天氣沒有越來越好，而是越來越差。我跟同行者說：「要有隨時撤退的準備。萬一直升機沒有載我們回到破冰船，就會被困在基地營過夜。」他說：「現在是南極的夏天，帝王企鵝就活在那麼嚴峻的天氣，冬天不就更恐怖。」我想起薛瑞的〈冬之旅〉，他們在冬日尋找企鵝蛋時，頂著零下70度的低溫，那是何等的煉獄！

一個多小時後，天氣開始轉壞，我承受不住狂風和低溫，便收拾隨身的物品、往基地營前進。這時還有剛抵達基地營的旅人，正陸續步行前往企鵝棲地。原來因為風雪與能見度的關係，直升機一度不能起飛，有一半的人比我慢一個多小時才抵達基地營。

我在基地營的帳篷等待直升機把我們接回船上。這時天氣變得更差、更冷、揚起暴風雪，探險隊員決定把緊急過夜用的禦寒睡袋打開，讓等飛機的人得以保暖。能有遮風避雪的地方算是幸福，我們被告知，需再等兩小時才有直升機過來。坐在我身旁的一位日本女生都沒說話，也沒戴手套，對面的南非女士把手套借她，但她幾乎說不出話來，我發現她可能有點失溫。我趕緊握住她的手，而身旁的兩位女士也緊緊抱住她。直升機起飛之後，由於雲層太低，彷彿是貼著海冰飛行。天候惡劣讓直升機只飛了兩航次，又因風雪中斷了飛行任務，後來我才知道有人在基地營等了快三小時才搭上飛機。

傍晚，全部的人都回到船上，探險隊長一出現，大家興奮得鼓掌歡呼，因為這一日的企鵝

KK號破冰船。

觀賞帝王企鵝需用直升
機做交通運輸。

暴風雪中的帝王企鵝棲
息地。（攝影游榮國）

之旅，著實險象環生。很難想像探險隊長與工作人員所承受的壓力。當六位直升機工作人員出現時，全船歡聲雷動，並且起立鼓掌三分鐘，感謝他們給我們這趟不可思議的旅程。副隊長興奮的宣佈，KK號破冰船從2004年到2011年、再加上2018年，總共九年航行到雪丘島拜訪帝王企鵝，曾有航次因為天候因素完全不能登岸，過去最好的紀錄就是三次飛往棲地，但我參與的這一趟竟有四次登岸紀錄，是最完美的航次。

看企鵝需要緣分和運氣，第一回我完全沒機會飛行登陸和帝王企鵝見面，第二回，我竟然可以在不同氣候條件下與帝王企鵝相會。大自然難以捉摸，花大錢也不能保證可以見到世界最絕美的景致。

孤單的馬卡羅尼企鵝

每次到半月島，最期待的就是往東南方向走到一個企鵝棲息地，看數百對頰帶企鵝中，唯一的那隻馬卡羅尼企鵝，這成了我到半月島的儀式。

這隻孤單的馬卡羅尼企鵝是一隻迷路的企鵝。通常企鵝每年會回到出生的棲息地，而這隻馬卡羅尼顯然迷路了，才會到沒有其他同伴的半月島。有趣的是，牠每年都回到半月島的同個地方，照這樣下去，牠一輩子都找不到伴侶，只能孤零零的生活在數百對的頰帶企鵝之間。

自從我第一次看到這隻黃色冠毛的馬卡羅尼企鵝後，就對牠印象深刻，到南極跟牠見面成了我旅程中最期待的事。我大約一年去一到兩次南極，有時候無法前往半月島，便倍感失落；還有一次登岸時間較短，我來不及到東南角看牠一眼，我失望得像是沒來過半月島。

在南極的旅程要看到馬卡羅尼企鵝並不容易，少數幸運的旅客可以在象島看到一些馬卡羅尼企鵝，但是象島海況很差，通常只能在船上遙遠的觀賞。如果前往南喬治亞，在庫柏島登岸，則可前往馬卡羅尼企鵝的棲地。

帝王企鵝小時候無敵可愛。

半月島上孤獨的馬卡羅尼企鵝。

觀察企鵝守則

人為與暖化改變企鵝生態

不要再問企鵝可不可以摸、能不能抱，答案都是：「不可以！」

鳥類專家聖帝亞哥說：「由於人類身上有許多病毒，企鵝身上可能也有病毒，怕交互感染、破壞生態，所以遊客不可接觸企鵝。」 在南極進行生態旅遊要遵守國際訂定的《南極公約》，每一艘探險船在客人登船時都會將公約解說一遍，這個公約是每位旅者在南極旅行一定要遵守的規範。當中最重要的就是看任何動物都要保持5公尺以上的距離，除非企鵝自動走到自己的腳跟前，否則不能太靠近企鵝或海豹。登陸時，只能走在旅人的步道，不可以站在企鵝行進的軌跡上，否則會打亂企鵝的生態。

當然，餵食、觸碰都是禁止的，同時也不能撿拾南極大陸的任何東西包括石頭、沙子、骨骼當作紀念品。研究顯示，地球暖化加上人類的破壞是讓南極生態驟變的重大因素，若想讓南極維持原有的面貌，每一個旅行者一定要遵守規範。

企鵝的活動是南極生態環境的指標，近年來地球暖化嚴重，企鵝賴以維生的環境也受到嚴重的影響。由於地球發燒了，需要在較冷地方生活的企鵝品種紛紛南遷，往更冷的地方移動，像阿德利企鵝就轉換了棲息地，必須到更冷的地方才看得到。

有一天豔陽高照，走在雪山間都會冒汗，沿途的企鵝則一直在吼叫。我起初以為企鵝在叫春，不過實在太多企鵝在啊啊叫（怎麼可能集體叫春），於是我問了同行的南極專家。地理學家麥唐納（Andrew Macdonald）說：「這麼炎熱的天氣（4度），企鵝會受不了，為了散熱牠們只好透過喊叫，你看牠們不時揮著翅膀，其實也是為了散熱！」

旅程中可以合法摸企鵝的地方是在格利特維根（Grytviken） 的南喬治亞博物館，博物館內特別陳列一張國王企鵝的毛皮讓觀光客盡情的摸。企鵝的毛皮非常滑，好像上了蠟，怪不得可以防水；而且毛織得非常密、完全不透風，防風擋雨遠勝GORE-TEX產品，關於這個博物館可上網：sgmuseum.gs。

南極發燒　企鵝版圖丕變

曾經在阿根廷南極工作站做研究的生態學家聖帝亞哥在2010年跟我說：「過去五十年，南極溫度平均升高2.5度，84%的冰河在倒退中，當中南極半島的帕馬工作站（Palmer Station）冬季溫度逐年上升中，是地球上暖化最嚴重的地方。依賴海冰生存的阿德利企鵝很有可能在十年內消失。」

據估計，有些地方的阿德利企鵝（adelie penguins）數量銳減一半，根據帕馬工作站的統計，2000年該工作站周邊的阿德利企鵝有七千對，2007年僅剩下三千五百對。氣候暖化造成阿德利企鵝的主要食物磷蝦（Krill）自1970年至今少了70%，食物減少再加上阿德利企鵝需要長年在冰上生活，使得南極半島環境對牠們的生存越來越險峻。聖帝亞哥指出，目前阿德利企鵝的棲息地開始往南方比較冷的地方移動，但是南邊冰冷的環境不利於牠們白天下海捕魚。

氣候的暖化讓南極物種重新分配，當阿德利企鵝數量銳減之際，尖圖企鵝的數量倍數成長，2000年到2007年之間，帕馬工作站周邊的尖圖企鵝呈三倍成長。海洋生物學家柯林（Colin Bates）說：「尖圖企鵝比較常在陸地生活，南極半島的冰變少了、陸地變多，就更利於牠們生存。」

除了企鵝，南極鯨魚的生態也因為海洋氣溫上升而有所變化，柯林指出小鬚鯨（Minke Whale）體型變小了，藍鯨（Blue Whale）和座頭鯨（Humpback Whale）必須再耗費更大的體力往南遷徙才能找到適合的水域覓食。而近期在南極竟發現帝王蟹的蹤跡，柯林憂心的說：「暖化造成螃蟹南移、大型海草擴張領域，南極的原有生態環境與食物鏈系統面臨改變。」

2020年2月，研究人員在南極洲北端外島鏈上的西摩島（Seymour Island）測得20.75度的新高溫紀錄，這是南極首度跨越攝氏20度門檻。南極的暖化勢必讓在此的物種面臨更艱困的生存挑戰。

觀賞帝王企鵝的棲息地是變數很大的旅程。

南極企鵝圖鑑

全球企鵝種類共18種，走訪福克蘭群島、南喬治亞、南極半島至少可看到7種企鵝。至於電影企鵝寶貝裡的「帝王企鵝」在典型的南極半島行程不容易看到，必須到威德海上的雪丘島才能看見。觀賞帝王企鵝的行程費用約需100萬。

A國王企鵝King Penguin

身高：75公分
體重：12公斤
潛水：50公尺，最深可達240公尺
分布：主要在南喬治亞

B頰帶企鵝Chinstrap Penguin

身高：68-77公分
體重：4公斤
潛水：70公尺
分布：主要在南極半島

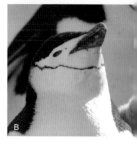

C馬卡羅尼企鵝Macaroni Penguin

身高：70公分
體重：4公斤
潛水：80公尺
分布：南喬治亞

D阿德利企鵝Adelie Penguin

身高：75公分
體重：5公斤
潛水：175公尺
分布：南極半島，需在比較冷的地方，暖化造成阿德利數量驟減

E 尖圖企鵝 Gentoo Penguin

身高：80公分
體重：6公斤
潛水：100公尺
分布：適應力強，分布廣，南極半島、南喬治亞均可見

F 跳岩企鵝 Rockhopper Penguin

身高：55公分
體重：2.5公斤
潛水：100公尺
分布：福克蘭群島、南喬治亞，體型最小的極地企鵝

G 麥哲倫企鵝 Magellan Penguin

身高：60-70公分
體重：4-6公斤
潛水：50公尺
分布：生長環境需溫暖一點，集中於智利與阿根廷南部、福克蘭群島

H 帝王企鵝 Emperor Penguin

身高：110-130公分
體重：23公斤（最重可達46公斤）
潛水：150-500公尺（最深紀錄是565公尺）
分布：南緯65度以南的南極大陸沿岸地區，主要集中在威德海（Weddell Sea）
南部、羅斯海（Ross Sea）和東南極大陸地區。目前最熱門的觀賞地點為雪丘島。

水手的靈魂
信天翁

Albatross

> 經常的，為尋開心，水手們捉住巨大海鳥——信天翁，
> 這類懶散的旅伴，尾隨航行於辛酸深淵的船隻。
>
> ——波特萊爾《惡之華·信天翁》

淡黑背信天翁。

　　船，走了好久好久。海面起起伏伏、船身晃晃盪盪，望著海浪、跟著大海一起翻攪，讓人幾乎要昏睡。然而跟在船尾的黑眉信天翁（Black-browed Albatross）仍鍥而不捨的飛翔，速度完全沒有減慢，牠們優雅的飛行讓人忘卻海路的顛簸；牠們對船與海的迷戀，更驗證了古老的傳說：每一隻信天翁的前世都是一名水手。

　　2010年2月底是我的第二次南極之旅，首場的生態震撼不是企鵝、也不是海豹，而是信天翁。我們非常幸運的在福克蘭群島的傑森尖塔島（Steeple Jason）登陸，此處是世界上最大的黑眉信天翁棲地，約有15萬對的信天翁在這裡築巢。從海岸穿過叢生禾

草草原慢慢接近棲地時，海洋、風、草原的景致讓我想起劉克襄在《永遠的信天翁》一書中，曾描述過短尾信天翁所棲息的草原是位在垂直的斷崖之上、下方緊鄰海面，這樣的地形是天然的屏障。雖然南極的信天翁品種和劉克襄小說裡在日本觀察的短尾信天翁不同，可是棲地的環境十分雷同。尤其當我在旅程結束後，重翻劉克襄的小說時，看到他所繪的棲地，不禁莞爾一笑，真的長得一模一樣。鳥人劉克襄對鳥類的觀察真的讓人敬佩，他是抱著豐厚的知識而觀察信天翁，我則是在毫無知識背景下，靠著直觀、認識這個地球上最不可思議的鳥類。

> 一夫一妻制，
> 一年只生一胎，
> 一飛就是三千里。
> 一生只徘徊一個海洋，
> 一降陸地就是返鄉，
> 一輩子只回一座島……
>
> ——劉克襄《永遠的信天翁》

穿過高度相當一個成人身高的叢生禾草草原後，循著啊、啊、啊的聲響，躡手躡腳的接近信天翁的棲地。鳥類專家聖帝亞哥再三提醒腳步要輕、要慢，千萬不要打擾到信天翁的作息，眼前的草原從山坡到靠近海洋的懸崖有上千隻的信天翁在此築巢、棲息，一身灰絨絨的信天翁寶寶跟媽媽吵著要吃飯，媽媽只好張開嘴、反芻胃裡儲存的食物，努力滿足灰寶寶的食慾。信天翁幼鳥灰灰褐褐的、毛很雜，很難想像牠們長大後會像爸爸媽媽一樣有黑與雪白的外觀、漂亮的黑眉毛，幼鳥的懵懂表情似乎尚未明瞭自己爾後四、五十年的海洋飄泊人生。

聖帝亞哥說：「信天翁的成長相當辛苦，牠們繁殖非常慢，每次只能生一個蛋，而且幼鳥到成熟可以飛翔必須花一年的時間。長大的信天翁是地球上最大的飛行動物，翅膀全長可達3公尺，牠們可以在完全不著陸的狀態下於海面上生活5到7年，而且兩個多月可飛行3萬3千公里。」3萬多公里幾乎是從南美洲的底端飛到阿拉斯加來回的總距離。聽到這些數據，就會對眼前伸著懶腰、折著翅膀、看似懶洋洋的信天翁另眼相看。

看著上千隻信天翁休息的休息、整理羽毛的整理羽毛、舒展筋骨的舒展筋骨、餵食的餵食，在陸地的信天翁過著家常的日子，少了在天空間滑行的英姿，卻有居家的幸福感。聖帝亞哥感傷的說：「信天翁很戀家，但牠們的宿命就是要飛到千里以外的家鄉，下次回來都是幾年後了，只為了繁衍後代。」神奇的是，信天翁幾乎可以找到當初孵蛋的巢，修補一翻、繼續繁衍的使命。

最難登岸的點，最難忘的信天翁

之後去了福克蘭群島十餘次，就只有那一回登上傑森尖塔島的信天翁棲地，其他幾個航次都因為風浪大而無法靠近，有一個探險員跟我說：「傑森尖塔島是很難的登岸點，因為是岩岸，稍有風浪就無法抵達，你竟上去過，非常幸運。」他的說法神化了我初次和信天翁見面的場景，那個秋日的情境一直在我腦海重現：小心翼翼的旅人、海邊有許多尖圖企鵝和麥哲倫企鵝在岩石上跳上跳下、有一隻巨隼（Caracara）正在吃死掉的企鵝……畫面有點蕭索，但往棲地走去的鳥鳴聲將大地喚得生氣勃勃。鳥巢裡正在脫毛、等待父母親餵食的信天翁寶寶一臉萌樣，信天翁爸媽專注餵食雛鳥的神情令人動容，能如此靠近（5到10公尺）神

育雛中的黑眉信天翁。

話之鳥讓人激動，Discovery頻道的特寫鏡頭都比不上身歷其境的震撼。眼前的每一隻信天翁都是堅韌的旅人，漂泊、飛行是牠們的命運。

黑眉信天翁體長約80至90公分，翼長約200至240公分，但體重只有3到4.5公斤，非常適合海上長途遠行。信天翁通常在9月到10月底下蛋，需要70天幼鳥才能破殼而出，至於撫育期則長達4個月。除了傑森尖塔島，在福克蘭群島的卡爾卡斯島（Carcass Island）、桑德斯島（Sanders Island）、西點島（West Point Island）都可以看到黑眉信天翁的棲地，和牠們一起生活的還有可愛的跳岩企鵝。信天翁穩重而眼神祥和，跳岩企鵝則像過動兒一般在旁邊晃蕩，兩種鳥類並置在同一個環境裡，充滿生態趣味。

漂泊的信天翁，一輩子的流浪

很多旅人對於南極行程的航海日（Sea Day）感到無奈，成天只能待在船上、無法下船登岸的日子多半被視為無聊，多數人會躲在房間休息或是在船上的大廳和友人聊天打牌殺時間。過去幾次的南極之旅，我也會把航海日當作要死不活的拉船日，但近幾次因為對海上航行已經習慣，也喜歡吹海風，航海日的時候我多半會在露天的甲板看海看書，赫然發現航海日就是觀賞信天翁的好日子，牠們總是尾隨在船尾，像是風箏一樣，跟著我們一起遠行。

我和友人常喝著威士忌，看著牠們伸直羽翼飄浮在半空中，禮貌的維持和船之間時近時遠的距離。我們的航行常在四下沒有任何陸地的地方，這也意味信天翁完全沒有地方停下來歇息，牠們更不可能停在船上，那驚人的體力和耐力，讓人嘆

黑眉信天翁在福克蘭群島附近相當容易觀察得到。

為觀止。航行期間不時看到黑眉信天翁、淡黑背信天翁（Light-mantled Albatross）的蹤影，一日，當我正沉迷於雷諾夫·費恩斯（Ranulph Fiennes）徒步橫越南極後寫下的《意志極境》*時，同行的友人突然大喊：「看啊，那隻信天翁好大！」鳥類專家興奮的說：「那是漂泊信天翁（Wandering Albatross），是體型最大的信天翁，翅膀展開最長可以達3.5公尺，是世界上最大的鳥類之一！」他在跟我們解說時，流露癡迷的神情。

　　Wandering，多浪漫的字眼，但對信天翁來說卻是宿命。牠除了交配與撫育幼鳥外，大半輩子的時間都在海上漂泊流浪，看著牠堅強又孤單的身影，不難明白何以被喻為水手的靈魂。南喬治亞的普萊恩島（Prion Island）是漂泊信天翁棲息地，為了保護這小島的生態，每年11月20日至1月7日不開放給旅人登岸，就算是開放登岸期間，也限制每次只能50人上岸。我是2017年11月1日登上這個島，當時有幾隻還在換毛的漂泊信天翁，鳥類專家說：「漂泊信天翁的體型很大，因此起飛時需要很平坦且長距離的跑道。」島上靠海處的平台，在綠地中露出黃土的顏色，那就是牠們一次又一次起飛所烙印的痕跡，完全就是一個機場跑道的模樣。

求偶中的黑眉信天翁。

人類的兇殘，信天翁的悲歌

　　眼前的信天翁太多、再加上啊啊啊的叫聲很熱鬧，我幾乎沒有意識到信天翁正面臨瀕臨絕種的危機。聖帝亞哥無奈的表示，信天翁的繁殖非常慢，每次只能生一個蛋，而且幼鳥到成熟可以飛翔必須花一年的時間。人類惡質的捕魚方式，每年將近有10萬

普萊恩島上的漂泊信天翁。

---

* 費恩斯與麥克·史特魯德（Mike Stroud）於1992年徒步橫越南極大陸97天。

隻信天翁喪生於南極海域。

在船上的海洋生態課裡，我才清楚的了解信天翁所面臨的生存難題。南極海域是遠洋漁業捕獲智利鱸魚的重要漁場，為了增加捕獲率，漁船會裝上長達130公里長的魚線、魚線上裝滿一萬到兩萬枚魚鉤，然後把掛滿魚鉤的魚線丟入海中，可深達兩千公尺，因此淺海到深海的魚類均會全數上鉤。這種捕魚方式不只是一網打盡魚類，同時也讓許多信天翁等海鳥斃命。由於信天翁長時間在海上飛行，牠們必須貼近海面捕魚覓食，但過多的魚鉤讓信天翁沒捕到魚反而被鉤子鉤住，亡命在魚鉤下。

信天翁的大滅絕讓許多海洋生物學家和鳥類學家憂心，第二次的南極之旅，拯救信天翁的迫切性比南極暖化問題來得重要。已經在南極工作十幾年的英國駐南喬治亞負責漁業與關稅的官員羅柏・帕特森（Robert Paterson）說：「我們沒辦法讓南極的溫度在一年之內降一度，但我們應該可以降低信天翁的死亡率，在南極海域每五分鐘就有一隻無辜的信天翁喪生在殘忍的魚鉤之下。」

2010年行旅到南喬治亞的時候，遇見二十出頭的加拿大獨木舟運動家海莉（Hayley Shephard），她和友人正進行獨木舟環南喬治亞島的拯救信天翁運動，預計花五個禮拜在氣溫只有兩度的海域划獨木舟繞南喬治亞島一周，希望透過獨木舟環島的方式喚醒全球對信天翁生態的關注。相逢的那幾天海象很不好，她們的船又出點狀況，只好在格利特維根修船，也因此我們有認識的機會。

年輕的海莉是海洋運動健將，多年前就創下女性單獨划獨木舟繞加拿大溫哥華島的紀錄，這之間她有機會到南極工作，也在此激發要保護這裡岌岌可危生態的決心，她說：「南極雖然是淨土，但交通越來越便利、觀光客的增長，多多少少對這塊大地有

展翅飛翔的南方皇家信
天翁（Southern Royal
Albatross）。

所影響。這幾年情況最嚴重的就是信天翁數量減少，當務之急是改變捕魚的方式，比方，漁船在入夜後再擺設魚線，因為夜晚鳥類比較少覓食。此外，將魚鉤染上無毒的藍色染料也可以有效地讓海鳥避開魚鉤。」

海莉的南喬治亞獨木舟環島計畫因為天候而有所耽擱、並沒有如期完成；但是她堅毅的表情和決心打開我對信天翁的認識大門，和她告別後、我再次看到在海面上漂泊的信天翁就多了一股尊敬與疼惜，牠們滑翔的線條是這片海域最動人的風景，也希望牠們最鍾愛的這方海洋，別成為喪命的殘酷墳場。如果我們得到餐盤裡漁獲的代價是犧牲無辜的信天翁的話，人的罪孽真的是深到地球深處。

望著海面上與我一起航行的信天翁，想起英國詩人柯立芝（Samuel Taylor Coleridge）的名詩〈古舟子詠〉（The Rime of the Ancient Mariner），詩中敘述老水手射殺信天翁，引發全船遭遇一連串的厄運。以前讀這首詩，著迷於柯立芝意象豐富，有如夢境的囈語。但當我處在詩中所描述的南極海域，深刻意識到每一隻信天翁都是水手們飛翔的靈魂，赫然理解射殺靈魂注定引來不幸。

在顏色純淨的南極世界裡，人類的貪婪顯得格外清晰。

福克蘭群島的西點島信天翁棲息地。

搶戲的配角
海豹

≈

Seals

毛海豹。

十分鐘以後，小考梯克再也認不出他的伙伴們了，因為從鼻子到後肢，他們的皮都被剝了下來——扔在地上堆成了一堆。

——魯迪亞德·吉卜林《白海豹》

南極的明星動物是企鵝，鮮少人為了海豹而砸重金去南極，不過海豹往往是一趟南極之旅後讓人印象深刻的動物。當旅人帶著平靜愉悅的心情要去看企鵝棲地，海豹家族常常是登岸時第一批亢奮來迎接，牠們用渾圓的身材、撕裂性的吼叫、不可思議的靈活身手吸引旅人的目光。

因為過去對海豹的認知總是停留在黑不溜丟、上不了檯面，老覺得牠們像大型的海參、沒有立體的五官，從不認為「可愛」這個形容詞會用在牠們身上。不過，初次近距離看到海豹，我脫口而出的字眼卻是「可愛」。毛海豹圓圓的眼球無邪的看著我，不時會翻動雙鰭、像拍手一樣舞動著。距離較遠的象海豹則懶洋

洋的攤在沙灘上，像是個巨大的岩石，偶爾睜開一隻眼，看看海灘上有什麼新鮮事，然後打一個很大又很臭的哈欠、露出像狂飲檳榔汁的血口，接著繼續沉睡。

毛海豹和企鵝們相安無事的在極地一起生活，偶爾追追打打，造訪企鵝時「順便」瞧瞧海豹是一般旅人的心態。只是，當和海豹面對面接觸時，牠們成了搶戲的配角，有時候，牠們並沒有那麼樂意讓旅人輕鬆路過的去看企鵝。

被海豹追到狂奔

2010年造訪南極時，已經是旅遊季的尾聲，企鵝大多在換毛，有的早已經下海、準備迎接冬天，許多海岸都呈現海豹聲勢比企鵝驚人的情況。要登上福圖納灣（Fortuna Bay）時，探險隊長Brandon再三提醒：「海豹此時正在換毛（moulting），心情不是很好，千萬不要激怒或是和牠們有太多互動、靜靜的走過去就好，小心牠們會咬人。」

我印象中老是懶洋洋攤在沙灘上的海豹，在3月初的海灣各個精力旺盛，看到有人上岸紛紛聚集而來。我本來要走到國王企鵝的棲地，結果被一個海豹家族攔了去路，海豹媽媽和三隻小海豹拍著雙鰭幾乎要黏到我身上，我嚇得越走越快、牠們則越跟越緊、越來越興奮，我忍不住拔腿就跑，沒想到用腹部力量扭來扭去的海豹們也扭得飛快，像是蛇一樣。我邊狂奔邊想著：寧可被企鵝啄也不想被口臭很嚴重的海豹咬！

還好同行的旅人前來相救，不斷朝這三隻超High的海豹拍手，用拍手擊掌的聲響驅趕海豹。拍手逼退海豹成了我南極之旅最常使出的祕技，這也導致旅程結束後，我的掌心腫了一層。

公的毛海豹地域性很強。

荷爾蒙衝腦的撞擊聲

　　由於氣候嚴寒，南極的生物物種有限，在這塊大地上聽到的聲響不外是企鵝有如金屬般摩擦的叫聲、海豹啊啊啊的吶喊聲，因為數量龐大，所以聲音風景很熱鬧，好像走進極地菜市場。當中最讓人聞聲立刻奔去湊熱鬧的就是海豹的荷爾蒙聲響。海豹是一夫多妻制，公海豹常為了搶母海豹而對決、大打出手，尤其鼻子有一大坨肉的象海豹為情戰鬥最好看，牠們用肥大的身軀彼此撞擊，擦撞出轟天的巨響，整個海岸迴盪著骨頭相撞聲夾雜著男性荷爾蒙的嘶吼。對決一定要持續到強的那一方把弱方搞到精疲力竭、滿身是血，像落水狗一般逃進海裡才罷休。贏的公海豹便接收所有的母海豹，壯大自己的家族。然後，就會看到每隻平均4000公斤的象海豹家族，腦滿腸肥的躺在海灘曬太陽，一隻公海豹身邊依偎著數隻母海豹，一動也不動的放空，享受三妻四妾的時光。

　　在陸地上看來很粗魯笨重的海豹，一到水中就像龍一樣靈活，當中最美的要算豹斑海豹（Leopard Seal），牠身上的斑點加上光滑的肌膚，討喜程度不輸海豚，但牠也像豹一樣神祕、動作靈巧，當在橡皮艇上看到牠在冰山上的身影時，才拿起相機，牠就一溜煙的消失。即使知道牠是兇狠的動物，但是迷人的外表讓人忘記牠的危險性、仍執意想追逐牠的蹤跡。

過往的殺戮戰場

　　正當我們返回船上討論著在沿岸碰到海豹必須小心翼翼又閃又躲的滑稽情境時，動物學家卻分享過往南喬治亞的血腥海豹獵殺史，我們甫走過的海岸是昔日的殺戮戰場，動物學家說：「為

象海豹。

了取得海豹的皮毛和油脂，捕海豹的人用上面有釘子的棍子和小刺刀，狠狠地往海豹身上打，刺入海豹的身體，動作快的獵人可以在一小時內殺死並剝下50隻海豹的皮，」

自從庫克船長發現南喬治亞有數量龐大的海豹後，就掀起南極海域的海豹獵殺潮，1786年英國的海豹獵人陸續抵達南喬治亞，接著美國海豹獵人也來了，5年之內共有超過100艘船來南冰洋獵殺毛海豹和象海豹。海豹獵殺的數量相當驚人，一艘船一個季節帶回5千張毛海豹皮是常態。根據統計，從1800年到1802年間，曾有一艘美國船獵了5萬7千隻海豹。一名觀察家在1829年寫道：「獵人們非常有效率地將海灘上的海豹殺得一隻不剩，不到幾年前，同樣的海灘上，海豹還多得難以計算。」1831年，南喬治亞的海豹數量驟減，海豹快要絕跡。南喬治亞的資料顯示，1909年可能是最後一艘獵海豹的船在當地作業，5個月的工作時間只獵到170隻海豹。海豹數量的大幅減少，終於喚醒人類的良知，1972年各國簽訂保護南極海豹的公約，終止在南極為商業用途而獵殺海豹的行為。

南喬治亞的登岸點經常被象海豹占據。

無法登岸也是幸福的

行旅南喬治亞，有許多登岸點可以和海豹面對面。每次登岸前，探險隊長都會再三提醒要和毛海豹保持5公尺以上、和象海豹保持10公尺以上，但這個「安全距離」真的是太難保持了，因為有些海岸的海豹實在太多，我常在海豹群中閃避走動。在閃躲海豹時，想起探險隊長提醒要「保持距離」，不禁笑了出來，若不是經過那麼多年的保育和復原，旅人怎麼可能有機會如此貼近海豹、甚至要保持安全距離，過往的殺戮戰場已經成為歷史了。

船再次啟航，快要抵達下一個登岸點時，探險隊長廣播：

豹斑海豹。

「由於海岸躺滿了海豹，我們找不到讓大家可以安全登岸的一條小路，所以我們取消登岸，改用橡皮艇巡遊進行生態觀察。」我第一次覺得，沒有登岸也是幸福的，就讓海豹們享受不受打擾的時光吧！

白子毛海豹。

觀賞海豹的地點

南喬治亞有多個觀賞海豹的地點。在首府格利特維根（Grytviken），如果想去墓園參觀謝克頓的墓碑，可能得在象海豹與毛海豹之間閃閃躲躲才能到達，這個小小的墓園必須用鐵絲網圍住，才能避免成為象海豹的棲息地。從墓園走回博物館，還得小心避開毛海豹的威脅。

其他登岸點如黃金港（Gold Harbor）、薩里斯貝里平原（Salisbury Plain）、聖安德魯斯灣（St. Andrews Bay）、皇家灣（Royal Bay）、庫柏島（Cooper Island）等，常常可以看到象海豹聚集岸邊，步行時要分外小心。

威德海豹。

面對鯨魚
除了愛，我們無計可施

Whales

福克蘭群島的黑白海豚。

在寒冷的海上，

讓漁夫停止捕殺鯨魚，

讓採鹽的人

看看自己勞損的手。

——聶魯達〈靜一靜〉

　　我非常喜歡鯨魚，只要有賞鯨的機會，都會列為首要行程，
即使觀賞距離常因超過一百公尺而讓鯨魚淪為遠方的小黑點，但
透過望遠鏡觀察，依然可以給我巨大的滿足。會去南極多次，很
重要的一個原因是對南極海域鯨魚的想念。當在船上看到遠方有
二、三十隻鯨魚噴著水柱，就有如目睹宇宙裡的魔幻景致。

世界盡頭的鯨豚博物館

可能是因為這種感情因素，我對於日本在2019年重啟商業捕鯨感到無法理解，儘管日本政府有其義正辭嚴的說詞，但見識過捕鯨站那血淋淋的場景還是會不安。此時此刻，想到在地球盡頭有一個長期投入鯨豚研究的鯨豚博物館（Museo Acatushun），分外傷感。博物館的創辦人娜塔莉（Natalie Goodal）經歷過人類為了捕鯨血染南極海域的歷史、目睹保育運動的崛起，她將全部的心力投入鯨豚研究。小小的博物館卻是南美洲鯨豚研究的重要基地，為血腥海域的黑暗之星。

2018年，我在烏蘇懷亞等待要去南極的船時，先到這個傳奇的博物館走一遭。博物館位在賀伯頓農場（Herberton Estancia）內，該農場距離烏蘇懷亞市區約一個半小時車程，是一百多年前英國傳教士托馬斯（Thomas Bridges）所建立的農場，也是火地島第一個農場。托馬斯的兒子盧卡斯（Lucas Bridges）所寫的書《地球上最遙遠的角落》（*Uttermost Part of the Earth*），是第一本描寫火地島人文景致的書籍，啟發許多旅人探訪火地島的渴望、希冀深入所謂世界的盡頭。美國生物學家娜塔莉也是受到這本書的啟迪而探索南美、直抵火地島，在這個農場認識盧卡斯的姪子托馬斯（Thomas D. Goodall），當時他是這個農場的經理，兩人相戀結婚。1970年代娜塔莉和丈夫在世界盡頭經營農場之餘，也開始她的生態研究與生物採集工作，甚至在2001年於多方資助下成立了鯨豚博物館，收藏超過2700個海洋哺乳類（鯨豚）和2300個鳥類的骨骼，是南美洲很具代表性的鯨豚研究中心。

生物學家義無反顧的愛

祕魯海洋生物學家Eduardo說：「火地島向來是阿根廷最荒涼、偏僻的遠方，娜塔莉在生態研究的荒原中，踏實地做採集。今日許多鯨豚愛好者，為了目睹這個博物館，而特別造訪此地。」我走進這個用鐵皮搭建的「博物館」，碰到正在布宜諾斯艾利斯讀生物研究所的Julio進行導覽，他今年在此駐點兩個月，在幫忙製作標本、清洗企鵝與鯨魚骨頭之餘，還要進行導覽工作，他說：「這個博物館一直提供學生在此實習研究的機會，雖然娜塔莉於2015年過世，但是這個地方依然積極的運作，這裡不只是博物物館，也是實驗室。」

博物館裡展示了巴塔哥尼亞海域與南極海域的鯨豚品種，而且在牆上畫出鯨豚的實際尺寸，讓觀者直接比對鯨豚們大大小小的身軀。Julio深入淺出的講解南冰洋海域的鯨豚習性，還鼓勵大家觸摸鯨魚的骨頭、牙齒，實際感受骨骼的重量，參觀者很快的掌握物種的奧祕。看完展覽館後，他帶我們到相鄰空間的研究室，許多研究人員正專注的做標本，Julio站在一個有上百個抽屜的檔案櫃前，拉出一個小抽屜，裡頭就是一整副的企鵝骨頭。他說：「研究中心將物件完整建檔，讓對這個海域有興趣的研究人員，可以找到豐厚的資料。」

走出研究室，外頭的草地上放了好幾具鯨魚的骨頭，Julio指出，娜塔莉在1970年代開始做鯨豚研究，目睹南極海域濫捕鯨魚、鯨魚消失，繼而鯨豚保育意識的崛起、鯨豚重現的歷程，所以對海洋哺乳類特別有感情，鯨豚博物館透過這些研究、分享、加強大家的認識觀，他說：「當你越認識牠們、了解牠們，你就不會傷害牠們。」

TITO BOTTAZZI
1952 - 2013

Gran aventurero, entusiasta emprendedor y
pionero del mundo submarino y del avistaje
de ballenas en la Patagonia.
En tú homenaje el Día Nacional de la
Ballena Franca Austral

Puerto Pirámides, 25 - 09 - 2016

呼吸南極

行旅在鯨魚遺骸的海域

南極的旅行是海洋的旅行，也是行經鯨魚遺骸的旅行。在未認識南極之前，我只知道鯨魚很美、很聰明，在冰島、美國、加拿大、墨西哥、阿根廷只要有賞鯨的行程，我都會報名參加，只因為想看這款神祕的物種，有機會的話還可以聽到牠們在深海裡的鳴唱。但自從抵達了南極，很難不去注意在有人跡的地方就會看到鯨魚的遺骸：福克蘭群島最重要的教堂前豎立著用鯨骨搭建的拱門、南設得蘭群島的一些登岸點可以看到鯨骨散落的海灘，更遑論南喬治亞有不少捕鯨站，荒廢的工廠與機具是過往成千上萬鯨魚在此喪生的鐵血證據。

挪威探險員Rene說：「捕鯨工業後來發展得更有效率，他們根本不需要上岸處理，捕鯨船本身就是海上屠宰廠，剝皮、取脂都在船上處理，南極海域是鮮紅的，1965年漁船還動用直升機加入捕鯨行列，而當年在南喬治亞卻只看到4隻藍鯨，鯨魚數量早已萎縮到快滅絕。」

南極的人類活動史是探險家和捕鯨獵人寫成的，為了商業的利益不斷的探索、擷取南冰洋的資源。早期探險家們經常看到海面上無所不在的鯨魚噴出水柱，對捕鯨人而言，南極海域無疑是致富天堂。1870年，挪威人史文・佛恩（Svend Foyn）引進魚叉炮（Harpoon Cannon）捕鯨，捕鯨人自此以魚叉炮獵鯨，當船追逐鯨魚時，便發射魚叉炮，鯨魚中彈後，獵人將魚叉收回、鯨魚也拉回船邊。1904年在南喬治亞島的格利特維根建立了第一個捕鯨站以提煉鯨油做為燃料，南極自此成為捕鯨重鎮、海域淪為殺戮戰場。當時有個說法，到南極可以用鼻子導航，捕鯨站的屍臭味在數海浬外就聞得到。

根據南喬治亞捕鯨站的文件，從1904到1965年總共超過17萬

隻鯨魚被獵殺。另外一個紀錄是1911年到1930年在南奧克尼群島（South Orkney Islands）與南設得蘭群島，共捕殺了近12萬頭鯨魚。最荒謬的是，鑒於許多鯨魚被獵殺到快絕種，1937年有九個國家簽訂了《國際捕鯨協議》（International Agreement for the Regulation of Whaling），希望限制捕鯨以減緩鯨魚消失的數量，但會議甫結束，1938年捕鯨的數量卻超乎過往，一年內殺死4萬6千多隻鯨魚，製造50萬噸魚油。

上個世紀大量捕鯨的結果就是鯨魚幾乎滅絕。有科學家估算，從捕鯨工業開始至今，大約有125萬隻鯨被捕殺，總重量達6千4百萬噸。以藍鯨為例，藍鯨是地球最大的哺乳動物，身長可達30公尺，最重可達200噸，但他是捕鯨人的最愛，在大量捕殺之前大約有20萬到30萬隻，如今最多只有1萬2千隻。

人類態度改變即可扭轉鯨魚命運

在南極船上工作的探險員，很多都是鯨魚的愛好者，從巴塞隆納來的Marta更是因為鯨魚而投入海洋領域的工作。她說：「過往的捕鯨產業真的太慘烈了，但是當1970年代有人錄下了鯨魚的聲音，那來自深海裡的低鳴，撼動了全世界，鯨魚保育的即刻性受到全球重視。」一張張鯨魚之歌的CD在世界各地得到廣泛的迴響，喚醒大家對於捕鯨業的檢視。Marta笑著說：「以前環保人士要以一堆科學數據說服大家禁止捕鯨、不要吃鯨魚肉，但當大家聽到鯨魚的聲音後，很多人自動自發的加入保育的行列，人類的感性是鯨魚保育行動中重要的支柱。」贊成捕鯨的國家常會指稱鯨魚保育是感情用事，但有時候，就是要感情用事，才會看見這個世上最美的一面。

對於南極的愛、鯨魚的愛，當然是感情用事，因為有太多在

殺人鯨媽媽帶小孩在船
邊活動。

這個海域與鯨魚的相會歷歷在目。2009年11月27日我在南極半島的庫佛維爾島（Courverville Island）登岸時，突然有數隻座頭鯨在船邊出現，所有旅人停下手邊的事情，看著鯨魚的鰭肢在我們前方的海水拍打著，鯨魚的呼吸聲清晰得有如置身夢境。

隔年，2010年3月10日，當船正要離開南極進入德瑞克海峽，探險隊長突然通知大家快到戶外甲板賞鯨，只見遠處數十隻鯨魚的水柱此起彼落，水柱的線條有的像陽光光芒、有的是一柱沖天、有的是心型，海面上像是舉辦鯨魚噴水派對。海洋學家說：「這群鯨魚要到赤道附近覓食、生產，到了10月底左右，當南極進入夏天，牠們會回來南極生活。」

2010年12月4日黃昏，探險船在西爾瓦灣（Cierva Cove）附近航行，海面上的冰在夕陽下格外美麗，當時有一隻座頭鯨在遠處噴水，從尾鰭流下的水像瀑布，那柔美的線條與遠方的冰山相輝映。2012年11月22日，當我吃著感恩節大餐時，探險員廣播有一群殺人鯨在船的附近，大家立刻放下餐具、帶著相機衝到甲板觀賞。那群殺人鯨有十幾隻，牠們在船邊嬉戲，還有母鯨帶小鯨一起在海面上載浮載沉……那是遠超過感恩節大餐的感恩節體驗。2015年12月5日傍晚，船的附近出現了十幾隻座頭鯨正在進食，本來大家都在船上觀賞，探險隊長臨時決定讓大家搭著橡皮小艇、近距離觀看鯨魚在海面上的進食行為。我興奮的貼著海面看著座頭鯨鑽上鑽下，有一瞬間，三隻座頭鯨的頭就在小艇旁同時冒了出來，看過這般奇幻景致的人，怎能不愛鯨魚、不保護鯨魚。

面對鯨魚，除了愛，我們無計可施。但日本毅然決然宣布要重啟捕鯨經濟，儘管他們發表了很多數據關於重啟捕鯨並不會造成生態威脅，甚至是維繫生態平衡。但生態系統自有其運行的法則，人類的介入真的是「維繫」嗎？或許我對捕鯨的反感過於感

座頭鯨。

情用事，但當造訪過地球盡頭的鯨豚博物館、當在南極的海域跟鯨魚對上眼、當被牠們呼吸的水柱噴了一身濕，人就沾染了鯨魚的氣息、誓死要保護鯨魚。一旦認識鯨魚，只會越愛樂深，呵護都來不及了，怎麼可能捕獵、置最愛於死地。

保護南極企鵝、鯨魚

請拒買磷蝦油

台灣的電視廣告有時候會出現「南極磷蝦油」，每每出現這種資訊，我都會非常憤怒。我們或許無法立刻停止氣候暖化，但只要拒買磷蝦油就可以抵制廠商的惡行，進而保護南極的物種。

磷蝦是南極食物鏈最底端的關鍵物種，企鵝、鯨魚、鳥類、海豹都以磷蝦為主要食物，牠是南冰洋食物鏈的重要元素。但近年來因為一些保健食品宣稱磷蝦油對心臟好，讓看好商機的廠商大量捕撈磷蝦。綠色和平組織統計，自2010年起，挪威、韓國及中國不斷捕撈磷蝦，導致南極半島西部自該年起每年磷蝦的捕撈超過限額的12萬噸，已嚴重危及南極生物的食物鏈。此外，磷蝦撈捕業也造成擱淺、漏油等環境破壞。

在南極船上的海洋生物講堂裡，研究員不斷重述氣候暖化和工業捕撈對磷蝦造成極大的威脅，若不改善磷蝦被過分撈捕的現狀，未來企鵝數量會減少1/3。至於保健業者宣稱磷蝦對健康有益的物質Omega-3脂肪酸，可透過其他食物取得，無須撈捕磷蝦，導致整個南極生態體系崩盤。人類的貪念，往往造成企鵝、鯨魚、海豹一同陪葬。

世界盡頭的鯨豚博物館

Harberton農場／www.estanciaharberton.com
Museo Acatushun／www.acatushun.org

座頭鯨。

鳥類圖鑑

Guide to Antarctica Birds

大草雁Greater Kelp Goose（攝影趙彥）

北極燕鷗Arctic Tern

巨隼Caracara

白鞘嘴鷗Snowy Sheetbill

角海鸌Cape Petrel（攝影趙彥）

Addicted to Antarctica

Chapter 2

長尾鷚Long-Tailed Meadowlark（攝影趙彥）

南方巨鸌Southern Giant Petrel

南喬治亞針尾鴨South Georgia Pintail（攝影趙彥）

南喬治亞鷚South Georgia Pipit

南極燕鷗Antarctic Tern（攝影趙彥）

皇家鸕鷀Imperial Shag（攝影趙彥）

海豚鷗Dolphin Gull（攝影趙彥）

雪鸌Snow Petrel（攝影趙彦）

麥哲倫蠣鷸Magellanic oystercatcher（攝影趙彥）

賊鷗Skua（攝影趙彥）

福克蘭山地雁Falkland Upland Goose

福克蘭草地鷦Falkland Grass Wren（攝影趙彥）

福克蘭鶇Falkland Thrush（攝影趙彥）

在世界盡頭
找一條路
Ways

南極
指南

Antarctica Travel Guide

　　大自然至今仍殘酷無情的統治著我們走過的那塊冰凍大陸。
只要一次大風雪，我們就會完全消失於其中。即使人定勝天，但
南極卻像大巨人忍受蒼蠅爬過他的臉龐般容忍我們的過往。

——雷諾夫・費恩斯《意志極境》

　　一直以來，南極的旅程都被冠上「探險」兩字，彷彿去一趟
南極就攸關生死。然而，隨著旅行裝備的演進，交通工具不斷創
新與發展，去南極不再是如登天或是必須以生死相許的旅程。市
面上大部分的南極行程，都是適合普羅大眾的旅程，甚至，類似
於郵輪之旅，只是浪比較瘋、風有點狂。但是極地氣候的變化深
不可測，人類越謙卑、越謹慎，不僅可以保護自己，也可以讓這
塊淨土永續生存。

　　需要生存的，不只是注定是過客的旅人，還包括在南極區域
的物種和風土。

1.南極的旅遊季節為10月到翌年3月

　　南極的旅遊季節是每年的10月下旬到翌年的3月底，因為這段時間是南極的夏天，溫度高，日照時間長。前往南極的船都是這段時間開航。至於4月之後，就是南極的秋天，接著進入永夜與隆冬，不適合旅行。

　　想要看白雪大地的旅人，建議季節初（10月或11月）前往南極，尤其第一航次（通常是10月底）的南極半島之旅，冬雪尚未融，遊客也還沒到訪，所以可以看到很雪白、乾淨的南極地貌。這段時間也是企鵝孵蛋的季節，想要看企鵝築巢孵蛋景致的遊客，建議這段期間造訪。

　　南極的旅遊旺季是12月到翌年2月初，旺季不代表氣候穩定或是海象平穩，而是指這段時間可以看到許多小企鵝出生，很多遊客是衝著看小企鵝而來，如果對小企鵝有興趣的旅人，可以選擇這段時間。只是這段時間剛好也是歐美的聖誕假期與長假，船資最貴。

　　南極旅遊季節的尾聲是3月，這段期間很多地方因為雪融的關係而相對比較泥濘。不過季節尾巴前往可以看到企鵝們在脫毛的情景，也是很值得一訪的生態景觀。此外，3月可以在福克蘭群島的信天翁棲地看到信天翁幼鳥。

載客量200人以下的中型船隻是目前南極旅遊的主力船種。（攝影Daniel Wu）

2.怎麼去南極？搭船以及搭飛機

　　一般遊客主要是以搭船的方式前進南極，離南極大陸最近的港口是南美洲阿根廷的烏蘇懷亞，大部分的南極探險船都是從這個港口出發，有些結合南喬治亞和福克蘭群島行程會從阿根廷巴塔哥尼亞的馬德林港（Puerto Madryn）或是烏拉圭首都蒙特維多

（Montevideo）出發。若行程走羅斯海海域，則會從紐西蘭出發前往南極，只是坊間羅斯海航線的行程較少。

若是預算寬裕但時間有限的旅人，可選擇搭飛機去南極。目前前進南極的機場分別在南非以及智利蓬塔阿雷納斯（Punta Arenas）。搭飛機的旅人可以從蓬塔阿雷納斯到南極南設得蘭群島的機場喬治王島（King Georgia Island），然後再登船，進行南極半島之旅。這樣的旅行方式可以避開搭船穿越德瑞克海峽可能遇到的風浪。不過，搭飛機也有風險，因為南極氣候變化劇烈，班機常會取消，行程可能會延誤或泡湯。

不管哪一種方式，大部分的台灣旅人是從智利或阿根廷開始南極之旅，從台灣到阿根廷或智利的航程約30小時，再加上從布宜諾斯艾利斯或是智利聖地牙哥往南飛到烏蘇懷亞或是蓬塔阿雷納斯機場還需要4個多小時，所以除了船程外，還必須多加4天為國際線與國內線飛機的時間，最好再多加一兩天緩衝時間，以免飛機誤點或取消造成班機無法銜接。

3.南極不屬於任何一國，但需要辦簽證

根據《南極公約》，南極屬於地球人共同擁有，不屬於任何一個國家。儘管如此，對台灣人來說，去南極還是要辦簽證，因為我們必須從南美洲、南非或紐西蘭去南極。目前前往南極觀光的主要出發點是阿根廷，所以國人必須要在台灣的阿根廷商務文化辦事處辦理簽證（網站occat.cancilleria.gob.ar/zh-hant）或上網申請電子簽證，若是從南非或是紐西蘭前往，亦須辦理簽證。目前只有從智利前往，是持台灣護照免簽。

4.如何挑選南極行程

每個人的假期彈性和預算不同，自然而然會有不同的南極旅程選擇。根據不同的需求，可以選擇不同的旅程。不過，不管選擇怎麼樣的行程，都不保證一定可以看到什麼、一定可以在哪裡登岸，因為南極的旅程一切看天意，氣候和海象左右了一切。

如果南極對你是一生一次，想一次看盡南極生態：

南極半島＋福克蘭群島＋南喬治亞20-22天

對許多人來說，南極是一生一次的旅程，一方面距離遠，另一方面是價格不斐。若想飽覽南極海域的生態面貌，從阿根廷烏蘇懷亞出發，結合南極半島和亞南極區域的福克蘭群島與南喬治亞，是南極旅程的首選。在這個船程20至22天的行程裡，可以看到南極半島的冰雪風貌、企鵝生態，還能走訪被譽為人間仙境的南喬治亞，欣賞國王企鵝、毛海豹、象海豹等精彩的動物世界。而有豐富信天翁、鸕鶿生態和人文歷史的福克蘭群島，更能增加旅程關於探險史與文化史的面向。在這樣的旅程裡，風景不是只有南極白色沙漠的景觀，南喬治亞的綠地和冰河也令人印象深刻，旅人在一趟旅程中，可以觀察南極海域經典的三種面貌。

若經費有限，只能淺嘗則止：

南極半島8-12天

這是經典的短天數南極旅程，可以看到冰山、冰河、企鵝等生態。由於搭船過德瑞克海峽來回耗時4天，以及在烏蘇懷亞必須停留1天，因此整體在南極可以登岸的時間就要扣掉5天，所以實際在南極半島只有3到7天的時間。

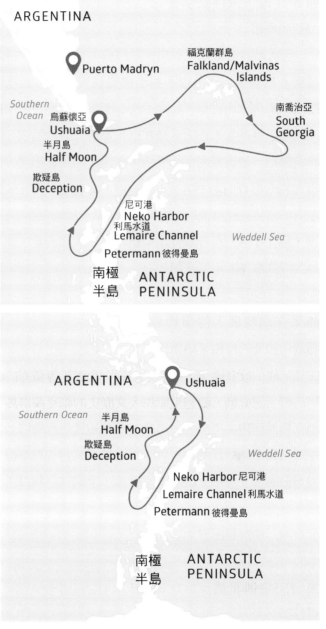

ARGENTINA

Puerto Madryn

福克蘭群島
Falkland/Malvinas
Islands

Southern
Ocean

烏蘇懷亞
Ushuaia

南喬治亞
South
Georgia

半月島
Half Moon

欺疑島
Deception

尼可港
Neko Harbor

利馬水道
Lemaire Channel

Weddell Sea

Petermann 彼得曼島

南極
半島

ANTARCTIC
PENINSULA

ARGENTINA

Ushuaia

Southern Ocean

半月島
Half Moon

欺疑島
Deception

Weddell Sea

Neko Harbor 尼可港

Lemaire Channel 利馬水道

Petermann 彼得曼島

南極
半島

ANTARCTIC
PENINSULA

右上南極、南喬治
亞、福克蘭群島的行
程走法。右下,純南
極半島的路線走法。
（地圖提供Poseidon
Expeditions）

圓夢計畫「南極點」：

2週250萬起

　　至於被許多旅人視為旅行里程碑的南極點，可透過從智利或是南非搭飛機造訪。從智利出發是從智利南方的蓬塔阿雷納斯搭機到聯合冰川營地（Union camp），再從聯合冰川搭機去南極點，可以選擇當天往返或是在南極點附近營地過夜一晚，再飛回聯合營地，最後飛回智利機場。從南非開普敦出發，則是飛到南極大陸的惠查威營地（Whichaway Camp），接著飛到南緯83度左右的FD83營地加油，再飛到南極點，回程則需在FD83營過一夜，隔天才飛回惠查威營地。航程要視天候而定。此外，南極點為內陸高原，看不到企鵝。

如果在意地理上的南極意義：

越過南極圈的南極半島旅程15天

　　一般的南極半島旅程最南多半是到彼得曼島（Petermann Island），該島的位置為南緯65度10分，若旅人執著於一定要跨越南極圈南緯66度34分，可參加標榜越過南極圈的行程。基本上這是南極半島行程的加長版，不過旅人要有心理準備，越往南氣候變數越大，再加上海岸多半結冰，下船登岸觀賞生態與地貌的機率會變低。不過，不管有沒有登岸，跨過南極圈的時候，船上都會辦一場慶祝派對。

與帝王企鵝相遇：

雪丘島15天

　　如果想看電影《企鵝寶貝》中的帝王企鵝模樣，首選地點就是威德海上的雪丘島。由於帝王企鵝必須在寒冷的地方生存、旅遊交通必需靠破冰船，在一般南極半島以典型探險郵輪航行的行

進入南極圈就是阿德利企鵝的天下了。

程是看不到帝王企鵝的。

　　雪丘島的行程是專門看帝王企鵝的南極之旅，旅行的方式是破冰船加上直升機，破冰船抵達雪丘島後，佐以直升機飛到雪丘島的棲地。不過由於棲地氣候變化劇烈，能成功搭直升機飛抵帝王企鵝棲地、感受被帝王企鵝包圍景致的機率並非百分之百。此行程台幣約需100萬。

5.搭200人以下的船是首選，船上可上網

　　除非選擇搭飛機遊覽南極，大部分的旅人都是搭乘探險郵輪進入南極的風景。南極旅遊絕大多數的時間都是在船上，吃、住也都在船上（南極大陸無法住宿，不過有的船公司會安排露營活動，露營須另外付費），旅行型態類似郵輪旅行，因此選擇適合的船非常重要。

　　根據「國際南極旅遊協會」（IAATO）規定，每個登岸點每次的人數不能超過100人＊，若想花比較長的時間進行生態和環境觀察，建議挑選乘客在100人以下的船。100人以下的船，不用花太多時間等候下船登岸，登岸者也不必急著趕回船上換下一輪的遊客登岸，在岸上的活動時間比較充裕。不過100人以下的船，公共空間通常比較小，不太會有氣派的大廳或餐廳，若想要有奢華郵輪的氣勢，100人以下的船可能無法滿足需求。

　　其次是100人到200人的船，這是目前南極探險旅遊船的主力，每次登岸時要分兩批，以符合國際南極旅遊協會的規定，但

＊ 南極旅行時每次登岸人數不能超過100人是指觀光客的人數，工作人員不算在內，比方說，有一艘船可搭載130客人，有14人去划獨木舟、10人搭橡皮艇巡遊、有8人不想登岸，其他98人就可以全部登岸，等第一波登岸的人回到船上，獨木舟和小艇上的人就可以陸續登岸，登岸點的觀光客限額是100人。

這樣的中型船，空間較大、船上的休閒設備比較多。如果旅人對船上的享受比較在意，不介意登岸的次數與生態觀察的時間長短，可以選擇比較大的船。大船在公共空間與設施上會比較寬敞。不過，若是搭乘400人的郵輪前進南極，由於船的吃水量與人數調度，只能在部分的地方登岸。

開往南極的船豐儉由人，不過既然花了大把時間和金錢到白色南國，能有多一點登岸機會和時間，會讓旅程更精采。出於對南極生態和景觀的喜愛，建議搭乘200人以下的船，在兩三個禮拜的時間裡，盡情感受南極。

當下的南極探險郵輪多半有提供上網服務，但付費方式與費用要看船公司的規定。船上每天都會提供全球新聞摘要（類似報紙），所以不上網也是可以知道世界上發生哪些大事。

6.準備30萬即可去南極，撿便宜要看運氣，建議早早訂好船票

南極旅遊如同郵輪旅遊，越早訂位選擇越多，部分船公司會提供早鳥優惠，通常可享有10%的折扣。由於近年南極旅遊市場非常熱門，有時候船位一位難求，若可以及早規劃假期，建議早一點訂船。以2020年10月到翌年3月Poseidon探險公司的海精靈號（Sea Spirit）船票為例，南極半島11天的3人艙的價格為每人7495美金，約台幣22萬5千元（是的，許多船有提供3人艙，讓經費有限的旅人可以選擇，有時候運氣好會碰到3人艙沒滿，剛好就可以3人艙的價格睡兩人艙），雙人艙為每人9895美金（約台幣29萬7千元），若再加上台灣飛去阿根廷的國際機票與內陸線的班機、飛機銜接間的住宿等費用，大概約10萬左右，一趟南極之旅基本上要準備30萬才能達成夢想。

南極旅遊越來越標榜郵
輪旅遊的舒適性。（攝
影Daniel Wu）

南極旅遊的確有所謂的最後清艙特價（Last Minute）特惠，有時候價格會低到對折，但這完全要憑運氣，且目前提供最後清倉特價的船公司越來越少。最後清艙特價的船票通常是開船前一個月或更晚才會釋出，而且主要在當地港口銷售，這個意思就是說旅人必須事先到港口如烏蘇懷亞詢價，若真的有最後清艙特價的船票，就必須在那裡等船。曾經有一位朋友在烏蘇懷亞等17天才上船，在想要撿便宜的南極之旅的同時，這段等待期間的食宿費用都必須考量進去才行。此外，旅行時間不夠長、沒有彈性者，也不適合等最後清艙特價的票。最重要的是，目前南極旅遊市場算熱門，在旺季船很滿的狀況下，很少會有最後清艙特價的船票釋出。

7.去南極衣服不用帶太多

看起來遙不可及的南極讓許多旅人無法克制的塞許多衣服在行李箱，其實到南極不用帶太多衣服，多半的旅人衣服都帶太多。南極半島的夏天溫度通常是-5度到10度，因為氣候乾燥，所以不會濕冷，即使零下也沒有寒意。若造訪時碰到晴天，溫度甚至會飆破15度，熱得讓人只能穿短袖在戶外活動。由於有的探險船會提供防風保暖外套，出發前若確認你所搭的船有提供保暖外套（多半是全新且贈送給旅人當紀念品），厚重的禦寒外套就可以不用攜帶。

南極船上的溫度控制在20度以上，因此在船上活動時，穿著短袖和輕薄的褲子或裙子即可。至於最重要的衣物則是雨褲，因為登岸多半會涉水登陸沙灘或礁岩，所以要穿著自己的防水褲。而上下登岸地點的防滑雨鞋都是由船公司提供，旅人在準備行李時不用擔心鞋子的問題，只須帶在船上走動時舒適、防滑的休閒

有些船公司會安排在南
極海域的獨木舟活動。

露營是南極旅遊的活動
選項之一。

鞋即可。

畏寒的旅人，可以多帶幾雙毛襪、穿在雨褲內的保暖褲或內搭褲。此外，防水保暖的手套、可遮到耳朵的毛帽也很重要。

因為南極紫外線高，很容易曬傷，務必做好防曬措施。帽子和太陽眼鏡都是必備的物品。個人藥品自己準備好，通常船上都會有一位船醫提供必要時的協助，至於暈船藥，船公司多半會免費提供。

8.動物不能摸，觀察動物保持5公尺，喜愛攝影者務必謹守生態維護守則

在南極拍照，務必謹守離動物至少5到10公尺距離的規定，且不可觸摸動物。由於南極的溫度低，電池耗電快，最好多準備幾顆備用電池。相機包內可放暖暖包，讓電池不會因為失溫而耗電過速。因為船上的房間可以充電，在房間可以把備用電池全部充飽。此外，南極對空拍機使用的規定嚴格，若要使用空拍機必須先向船公司申請。

至於攝影愛好者攜帶的裝備要看拍攝的主題而定，一般來說，陸地上的企鵝和海豹都在很近的觀賞距離。若是想要拍攝鳥類或鯨豚，則需準備長鏡頭。建議生態觀察愛好者攜帶專業的望遠鏡（有些船上也會準備，但數量有限必須跟其他團員共用），可以清晰賞鳥賞鯨非常過癮。

9.吃船上食物，沒有企鵝肉、鯨魚肉、海豹肉

過去探險家在南極探險，除了自己攜帶的肉乾和沖泡式飲料，沿途還會吃企鵝肉、海豹肉，阿蒙森和史考特在前往南極點

的路上也會把不中用的馬和狗殺來吃、當做餐食，不過這些都是探險時期的行為。當南極成了旅遊景點後，吃飯就是乖乖坐在船上的餐廳裡吃，至於用餐的形式，不同船有不同的做法，基本上都會有自助餐以及單點式的菜單。若天氣良好，有些探險公司會安排在戶外甲板BBQ，體驗被冰河環繞的夢幻用餐環境。

現今的南極旅遊，運作模式就像郵輪旅行，尤其吃飯這件事，等同郵輪，一切都由船公司打理得好好的，早餐、午餐、下午茶、晚餐應有盡有，也不缺現磨的咖啡。南極大陸沒有餐廳，若是參加南極半島、福克蘭群島、南喬治亞旅程的旅人，唯一可以去「餐廳」消費、超市購物的地方就是福克蘭群島的首府斯坦利，除此之外，就只能吃船上的食物。

為了讓旅人對餐食永遠保持新鮮感，船上的餐飲部門無不費盡心思每天更換菜色、口味，我在Poseidon海精靈號的南極19天旅程裡，就吃過印度菜、南洋菜、法國菜、義大利菜、炸魚和薯條、中菜，甚至現做的包子和壽司。至於船上的酒吧，各種飲料應有盡有，甚至還會舉辦品酒會，滿足旅人在餐食和酒水上的各種需求。

10.船上的講座是開啟南極知識的大門

南極的旅遊除了下船看動物、看風景外，探險團隊也會在航行的時候安排多場相關講座。比方從福克蘭群島航行到南喬治亞群島需要開兩天的船，這兩天的上午和下午就會安排企鵝習性、鯨豚觀察、南極捕鯨史、南極探險史、南極大陸地質、南極的氣候變遷等相關講座，讓旅人可以在航行時間獲得大量的知識。

有時候講座內容是探險員分享個人的極地探險經驗，比方從歐洲以帆船前進南極、獨木舟環繞南喬治亞群島一個月、極地攝

影經驗分享等。若剛好碰到有探險家在附近海域進行探險，探險隊也會邀請探險家上船演講，講座一堂課約一小時，主要是以英文進行，但會有法文、德文、俄文、中文口譯人員進行即席翻譯。隨著華語旅行者越來越多，有些講座內容也會以中文進行。

因此，航海日（Sea Day）不見得會很無聊，精彩的講座有時候會讓人大開眼界、回味無窮。此外，攜帶幾本書到船上閱讀，也可讓航海日過得很充實。不少探險郵輪上都有圖書館，提供豐富的南極探險書籍（主要是英文、德文、法文）供旅人閱讀，可利用航海日去圖書館讀書。

南極相關旅遊資源

* 英國南極研究中心（British Antarctic Survey）／www.bas.ac.uk／由於英國在南極研究和探險投入大量人力物力，這個網站有即時的南極研究和生態資訊。
* 南喬治亞信託（South Georgia Heritage Trust，簡稱SGHT）／www.sght.org／專注於南喬治亞的環境與生態。
* 美國南極計畫（United States Antarctic Program）／www.usap.gov／除了可以了解美國的南極科學研究進展外，還可以看到各個研究站的實況攝影，包括最大的研究站McMurdo 站。
* 南極報導（Antarctica Report）／www.antarcticreport.com／紐西蘭成立的南極科學、旅行相關知識與訊息網站，內容深入淺出。
* 國際南極旅遊協會（International Association of Antarctica Tour Operators，IAATO）／iaato.org／關於南極的旅行守則和《南極公約》的細項可透過這個網站了解

Addicted to Antarctica
Chapter 3

附錄：
南極閱讀推薦

白色南國──南極大陸新奇之旅

Terra Incognita：Travels in Antarctica

作者：莎拉・威勒Sara Wheeler

白色南國是我南極旅遊書的啟蒙，作者受邀到南極各個研究站訪問，從作家的觀點來看南極研究站的實際生活情況。此外，作者也巧妙的把研究站的設立與早期南極探險史結合起來，雖然是距今已二十餘年的老書，但我去過南極旅遊近二十趟之後，讀起來更是津津有味，與作者的距離更近，更能體會南極科學生活站的點點滴滴。

冰海歷劫700天──「堅忍號」南極求生紀實

Endurance：Shackleton's Incredible Voyage

作者：歐弗雷德・藍星Alfred Lansing

一本令人欲罷不能的探險書，作者運用當時的日記與各種原始素材，把謝克頓堅忍號的過程寫成易讀、故事般的書。我已讀過多次，但我第一次登象島之後，把他們在象島的生活再讀一次；第一次進威德海時，也再讀一次；第一次走完謝克頓獲救的最後一小段路，經過了書中描述的瀑布，他們聽到捕鯨站氣笛聲的地方，他們第一眼看到史東尼斯捕鯨站的山坡，每個點都讓我悸動不已。旅行時，我們花兩天半從南喬治亞航行到象島時，總會想到謝克頓他們是從象島划向南喬治亞。

極地

The Endurance, Shackleton's Legendary Antarctic Expedition

作者：卡洛琳・雅麗珊德Caroline Alexander

誠如書腰所說，謝克頓的故事一直被視為「探險年代最讓人尊敬的一幕，比成功更光榮的一場失敗」。2000年這本書一出版，我馬上買了一本並且和冰海歷劫700天對照著看。本書依照時序說明整個探險過程之外，最重要的是使用大量當年攝影師法蘭克・賀理（Frank Hurley），的相片，我們不需要再去想像探險過程中面臨的困頓，當年的攝影師用相片告訴了我們最真的畫面，讓這本書更值得仔細閱讀，這本是南極探險最值得閱讀與收藏的書。

世界最險惡之旅

The Worst Journey in the World

作者：艾普斯雷・薛瑞—葛拉德Apsley Cherry-Garrard

2002年買這本書，我一口氣就看完，往後一有空就會立即翻閱。許多研究探險史的學者都這麼說：如果只能閱讀一本南極探險的書，無疑的就是《世界最險惡之旅》。我完全同意這樣的說法。每隔一兩年，它就會是我的床頭書。光是看目錄的副標題，就能感受到作者的詩意與他的啟發性。

序文的副標是：極地探險，是最清潔也最孤獨的受苦方法。第三章副標寫著：但丁告訴我們，犯了色慾之罪的，要被罰入第二層地獄，在狂風巨暴中旋轉不已。人世間就有這樣的地獄，在南方海洋，風暴在此周旋地球無間無止。第十八章副標寫：我們的冒險，我們知道此行有風險，後來事情發展不利，我們沒有理由抱怨，只能屈服於上帝的意願，仍下定決心盡力到底。

獨自一人：南極洲歷險記

ALONE

作者：李察・柏德Richard E. Byrd

二十年前我在讀這本書時，我只感覺到1934年，一個人在羅斯冰棚小屋過冬，簡直是不可思議；但到過極地多次之後，對這本書卻完全改觀，很多日記內容是與自己對話，南極冬夜連出門不到100公尺，都可能因風雪而迷路再也回不到小屋，生命在南極的冬天如此脆弱，心智在一個人的南極小屋被消磨殆盡。

Scott's Last Journey

編者：Edit by Peter King
出版：Haper Collins Publishers

這本書記錄著史考特南極點探險歷程，編者使用日記與當時的相片，一天一天的說明探險

隊的情況。1912年1月16日最悲慘的事情發生了，在距南極點25公里處，他們發現了阿蒙森留下來的帳篷，他們必須面對阿蒙森已抵達南極點的事實。1月17日出發前往南極點，但每個都沒睡好，前一天的震撼讓隊員們無法入眠，到了南極點，史考特以近乎哀號的口氣說：偉大的上帝呀！這是一個可怕的地方。除了編者大量使用史考特日記外，也引用韓福特（Roland Hunford）的觀點做對照，韓福特的作品往往對史考特的探險有較多的批評。

南極探險記
The South Pole
作者：羅阿爾‧阿蒙森Roald Amundsen

沒有華麗的文字，平鋪直述的把探險隊員之間的關係、探險途中的喜怒哀樂告訴讀者，但卻百讀不厭。讀者可以清楚的了解，探險隊如何在弗拉姆之家基地營度過平時的一天、如何一路往南進行補給之旅。隊員們認為：即將到臨的南極冬天令人憂傷，但既然天意如此，他們順從接受。阿蒙森卻說：冬日的夜越黑，暴風雪越猛烈，舒適的小屋給我們帶來的幸福感就越強。他是一個事先做好充分準備的人，所有的事情都要提前計畫，阿蒙森能成為第一位抵達南極點的人，這是重要的因素。

意志極境：徒步橫越南極大陸
Mind over Matter: The Epic Crossing of the Antarctica Continent
作者：雷諾夫‧費恩斯Ranulph Fiennes

1990年代是南極探險史的重要里程碑，很多隊伍都希望能完成無協助橫越南極的壯舉，作者計畫從威德海拖著裝備經過南極點到羅斯海，雖然沒有完成，但是他們兩位卻在95天內走完2380公里，創下紀錄。最初我是以探險經驗來看這本書，到過南極之後，讀起來感受完全不同，探險過程中的種種衝突與困難的抉擇過程，再配合早期探險家的經歷，讀起來更生動，偶爾翻上幾頁都可感受到在南極大陸奮力前行的辛苦歷程。此外，作者的姪子是《英倫情人》的演員雷夫‧費恩斯（Ralph Fiennes）。

探險家們的寫生簿：70位探險家的冒險生平與探索世界的偉大熱情
Explorers' Sketchbooks
作者：休‧路易斯─瓊斯Huw Lewis-Jones、卡麗‧赫爾伯特Kari Herbert

這本書一出版我就買了中文版，帶到北極點的破冰船上送一本給兩位作者，我跟他們夫妻於2018年7月在北極船的船上相識。這本書可以看史考特1912年1月17日和18日最絕望時的手稿，也可以看到他最後一篇日記；謝克頓在1915年10月27日下令棄船時的手稿和他的心情，「大約下午五點的時候，這一切都劃下了句點，它走向了毀滅。大概沒有任何人類所造的船隻禁得起這種拉扯，我命令所有人棄船，登上浮冰……」還有，跟著史考特到達南極點，冬天也前往克羅澤角（Cope Crozier）採集帝王企鵝蛋的威爾森，他畫的圖也收藏在本書裡。想看看探險家們最關鍵的時刻的紀錄，這是一本不容錯過的書。

庫克船長與太平洋：第一位測繪太平洋的航海家1768-1780

James Cook: The Voyages

作者：威廉・弗萊姆William Frame、蘿拉・沃克Laura Walker

很難想像1773年1月17日庫克船長就航進南極圈了，那一年海冰一定很少，天氣特別溫暖吧！面對這個偉大的里程碑，船上的佛斯特激動的寫著：「英國人之前，一直沒有航海家進入南極圈，此後應該也不會有人能進入南極圈。因為唯有擁有自由心靈的不列顛女神之子，才能隨著帶有鹹味的巨浪前往大海所在的任何地方。」那個年代狂妄有理！

這本書是庫克船長三次航行的紀錄，南極篇幅不多，卻是很棒的航海探險書。

● South Georgia 南喬治亞島

● South Orkney Islands 南奧克尼群島

● Falkland Islands
福克蘭群島

● Elephant Island 象島

South Shetland Isalnds ●
南設得蘭群島

Argentina
阿根廷

● Snow Hill Island 雪丘島

Wedell Se
威德海

● Ushuaia 烏蘇懷亞

Chile
智利

Drake Passage
德瑞克海峽

**Antarctic
Peninsula**
南極半島

Ross Ice Shelf

South Pacific Ocean
南太平洋

Framheim 弗
（阿蒙森南極點探險的基

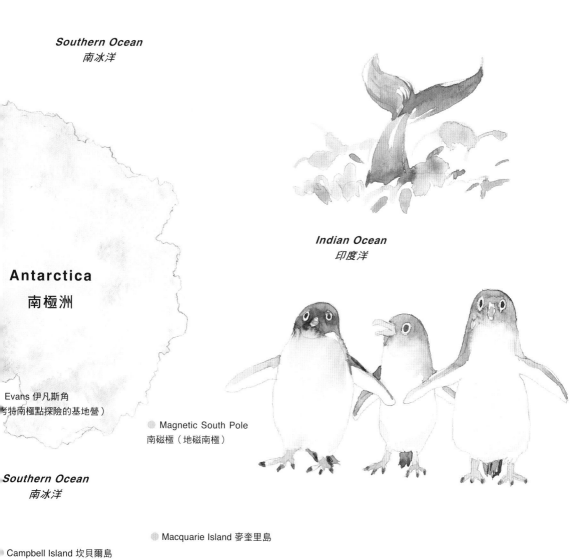

South Africa
南非

h Atlantic Ocean
南大西洋

Southern Ocean
南冰洋

Indian Ocean
印度洋

Antarctica
南極洲

Evans 伊凡斯角
（考特南極點探險的基地營）

Magnetic South Pole
南磁極（地磁南極）

Southern Ocean
南冰洋

Macquarie Island 麥奎里島

Campbell Island 坎貝爾島

Tasmania
塔斯曼尼亞

New Zealand
紐西蘭

Australia 澳洲

國家圖書館出版品預行編目資料

呼吸南極：在世界盡頭找一條路/鄭有利、黃麗如著．
初版．新北市．聯經．2021年1月．272面．17×23公分
（優遊・Life & Leisure）
ISBN　978-957-08-5670-5（平裝）

1.旅遊　2.南極

779.9　　　　　　　　　　　　　　　　　107009903

優遊・Life & Leisure

呼吸南極：在世界盡頭找一條路

2021年1月初版　　　　　　　　　　　　　　定價：新臺幣480元
有著作權・翻印必究
Printed in Taiwan.

著　　　者	鄭　有　利	
	黃　麗　如	
插　　　畫	游　明　益	
叢 書 主 編	林　芳　瑜	
特 約 編 輯	洪　雅　雯	
整 體 設 計	楊 啟 異 工 作 室	

出　版　者	聯經出版事業股份有限公司	副 總 編 輯	陳　逸　華
地　　　址	新北市汐止區大同路一段369號1樓	總 編 輯	涂　豐　恩
叢書主編電話	(02)86925588轉5318	總 經 理	陳　芝　宇
台北聯經書房	台 北 市 新 生 南 路 三 段 9 4 號	社　　　長	羅　國　俊
電　　　話	(0 2) 2 3 6 2 0 3 0 8	發 行 人	林　載　爵
台 中 分 公 司	台 中 市 北 區 崇 德 路 一 段 1 9 8 號		
暨 門 市 電 話	(0 4) 2 2 3 1 2 0 2 3		
台 中 電 子 信 箱	e-mail：linking2@ms42.hinet.net		
郵 政 劃 撥 帳 戶 第 0 1 0 0 5 5 9 - 3 號			
郵 撥 電 話	(0 2) 2 3 6 2 0 3 0 8		
印　刷　者	文 聯 彩 色 製 版 有 限 公 司		
總 經 銷	聯 合 發 行 股 份 有 限 公 司		
發 行 所	新北市新店區寶橋路235巷6弄6號2樓		
電　　　話	(0 2) 2 9 1 7 8 0 2 2		

行政院新聞局出版事業登記證局版臺業字第0130號

Addicted
to

Antarctica

Addicted
to
Antarctica